INHALT

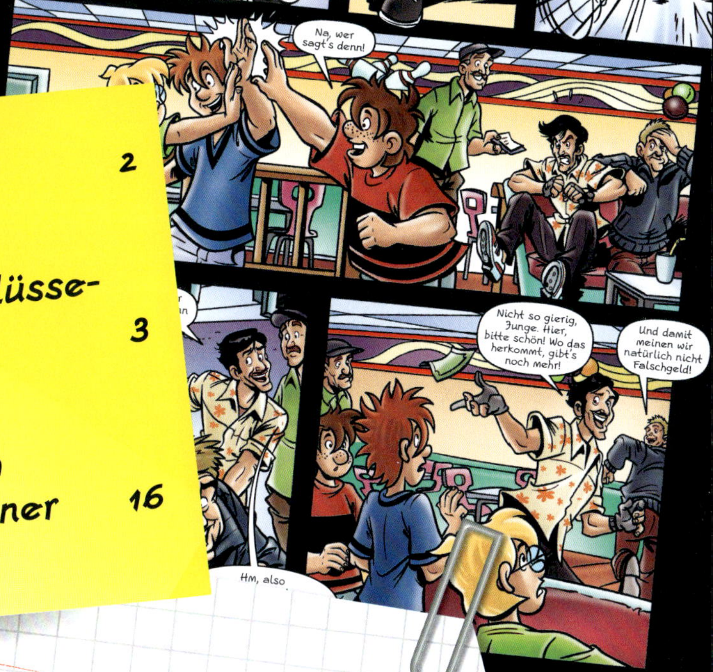

Na, wer sagt's denn!
Nicht so gierig, Junge. Hier, bitte schön! Wo das herkommt, gibt's noch mehr!
Und damit meinen wir natürlich nicht Falschgeld!

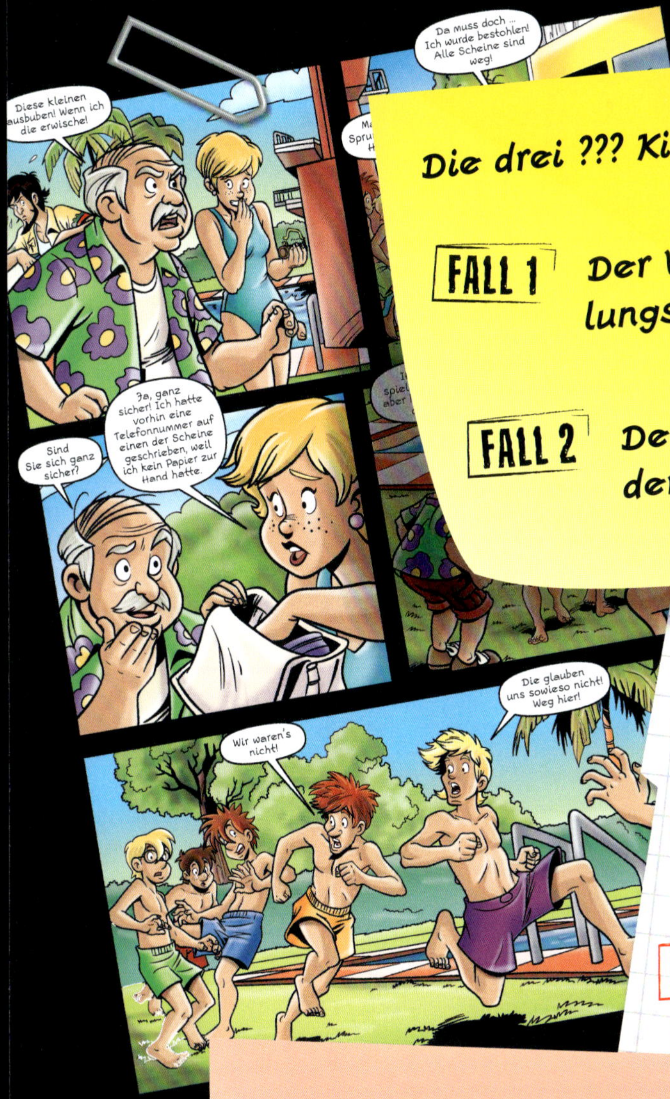

Diese kleinen Lausbuben! Wenn ich die erwische!
Da muss doch ... Ich wurde bestohlen! Alle Scheine sind weg!
Sind Sie sich ganz sicher?
Ja, ganz sicher! Ich hatte vorhin eine Telefonnummer auf einen der Scheine geschrieben, weil ich kein Papier zur Hand hatte.
Wir waren's nicht!
Die glauben uns sowieso nicht! Weg hier!

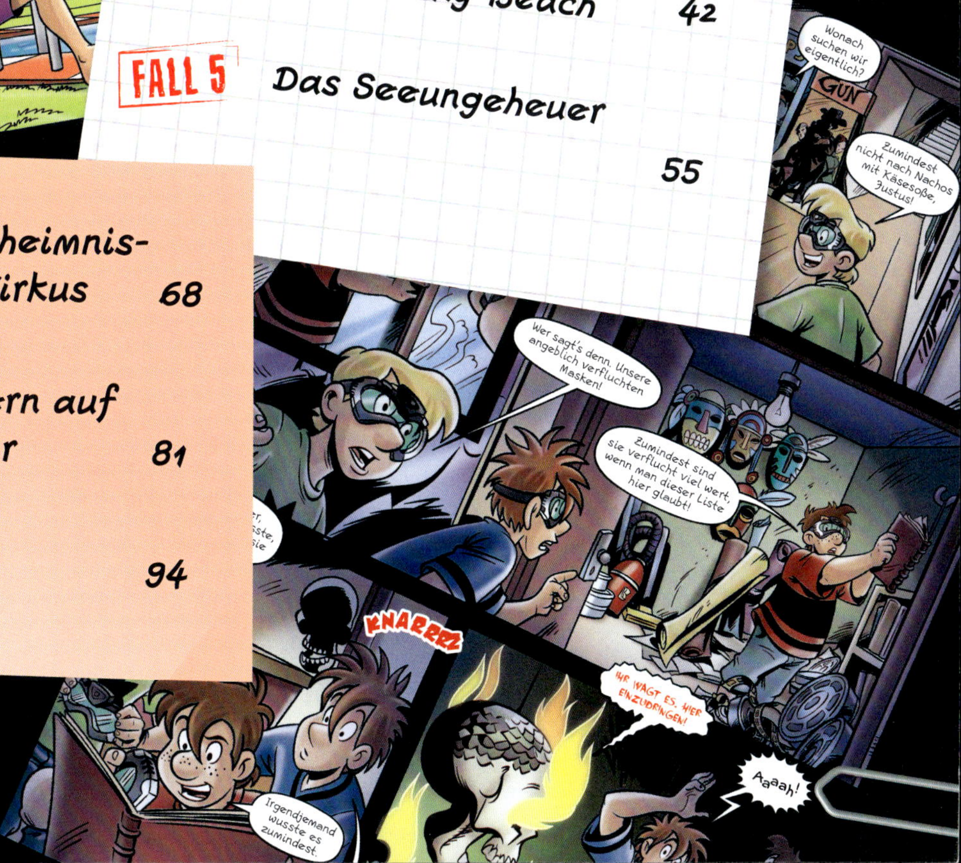

Wonach suchen wir eigentlich?
Zumindest nicht nach Nachos mit Käsesoße, Justus!
Wer sagt's denn. Unsere angeblich verfluchten Masken!
Zumindest sind sie verflucht viel wert, wenn man dieser Liste hier glaubt!
KNARRRZ
IHR WAGT ES, HIER EINZUDRINGEN!
Aaaah!
Irgendjemand wusste es zumindest.

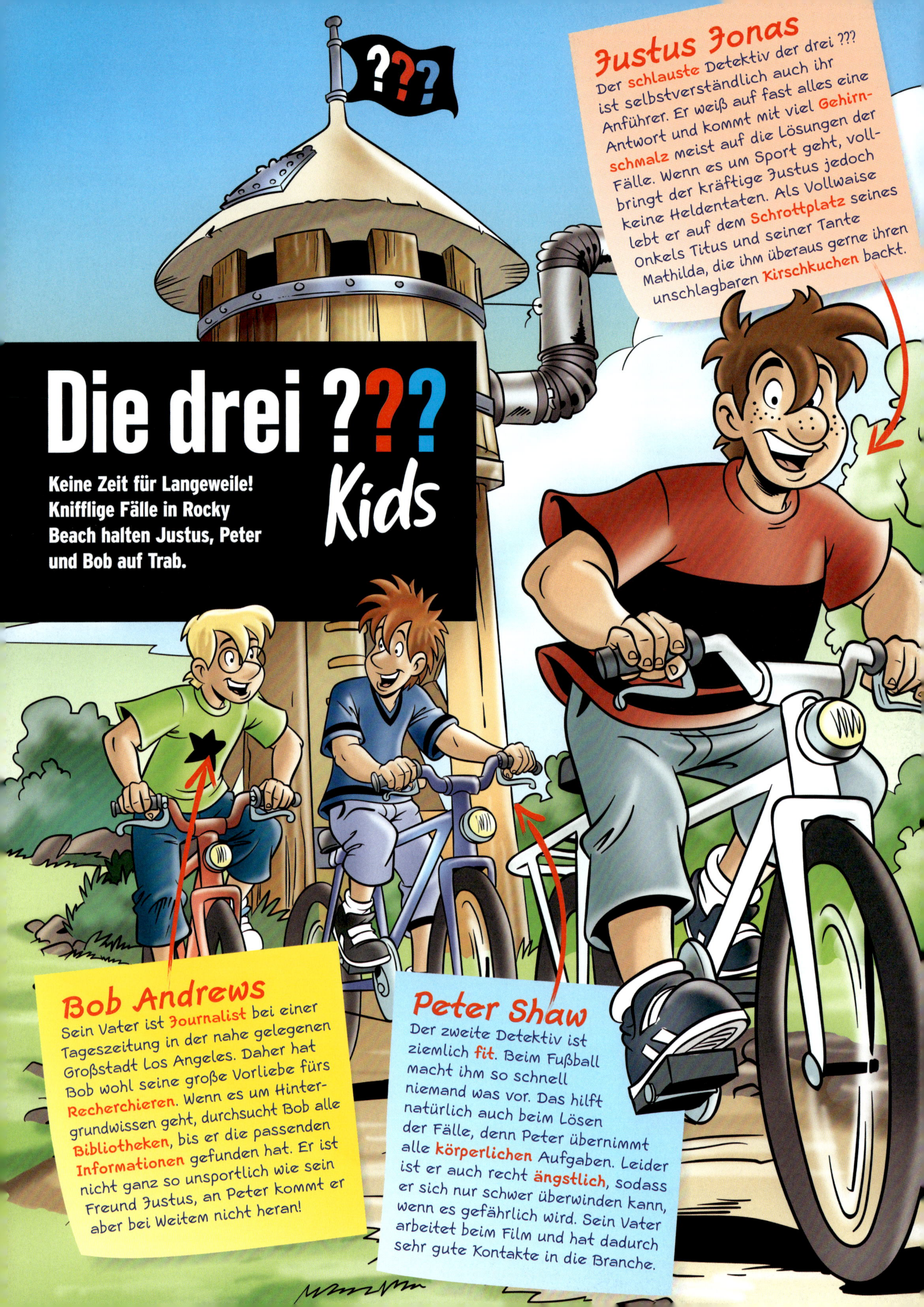

Die drei ??? Kids

Keine Zeit für Langeweile! Knifflige Fälle in Rocky Beach halten Justus, Peter und Bob auf Trab.

Justus Jonas

Der **schlauste** Detektiv der drei ??? ist selbstverständlich auch ihr Anführer. Er weiß auf fast alles eine Antwort und kommt mit viel **Gehirnschmalz** meist auf die Lösungen der Fälle. Wenn es um Sport geht, vollbringt der kräftige Justus jedoch keine Heldentaten. Als Vollwaise lebt er auf dem **Schrottplatz** seines Onkels Titus und seiner Tante Mathilda, die ihm überaus gerne ihren unschlagbaren **Kirschkuchen** backt.

Bob Andrews

Sein Vater ist **Journalist** bei einer Tageszeitung in der nahe gelegenen Großstadt Los Angeles. Daher hat Bob wohl seine große Vorliebe fürs **Recherchieren**. Wenn es um Hintergrundwissen geht, durchsucht Bob alle **Bibliotheken**, bis er die passenden **Informationen** gefunden hat. Er ist nicht ganz so unsportlich wie sein Freund Justus, an Peter kommt er aber bei Weitem nicht heran!

Peter Shaw

Der zweite Detektiv ist ziemlich **fit**. Beim Fußball macht ihm so schnell niemand was vor. Das hilft natürlich auch beim Lösen der Fälle, denn Peter übernimmt alle **körperlichen** Aufgaben. Leider ist er auch recht **ängstlich**, sodass er sich nur schwer überwinden kann, wenn es gefährlich wird. Sein Vater arbeitet beim Film und hat dadurch sehr gute Kontakte in die Branche.

Der Verschlüsselungsdieb FALL 1

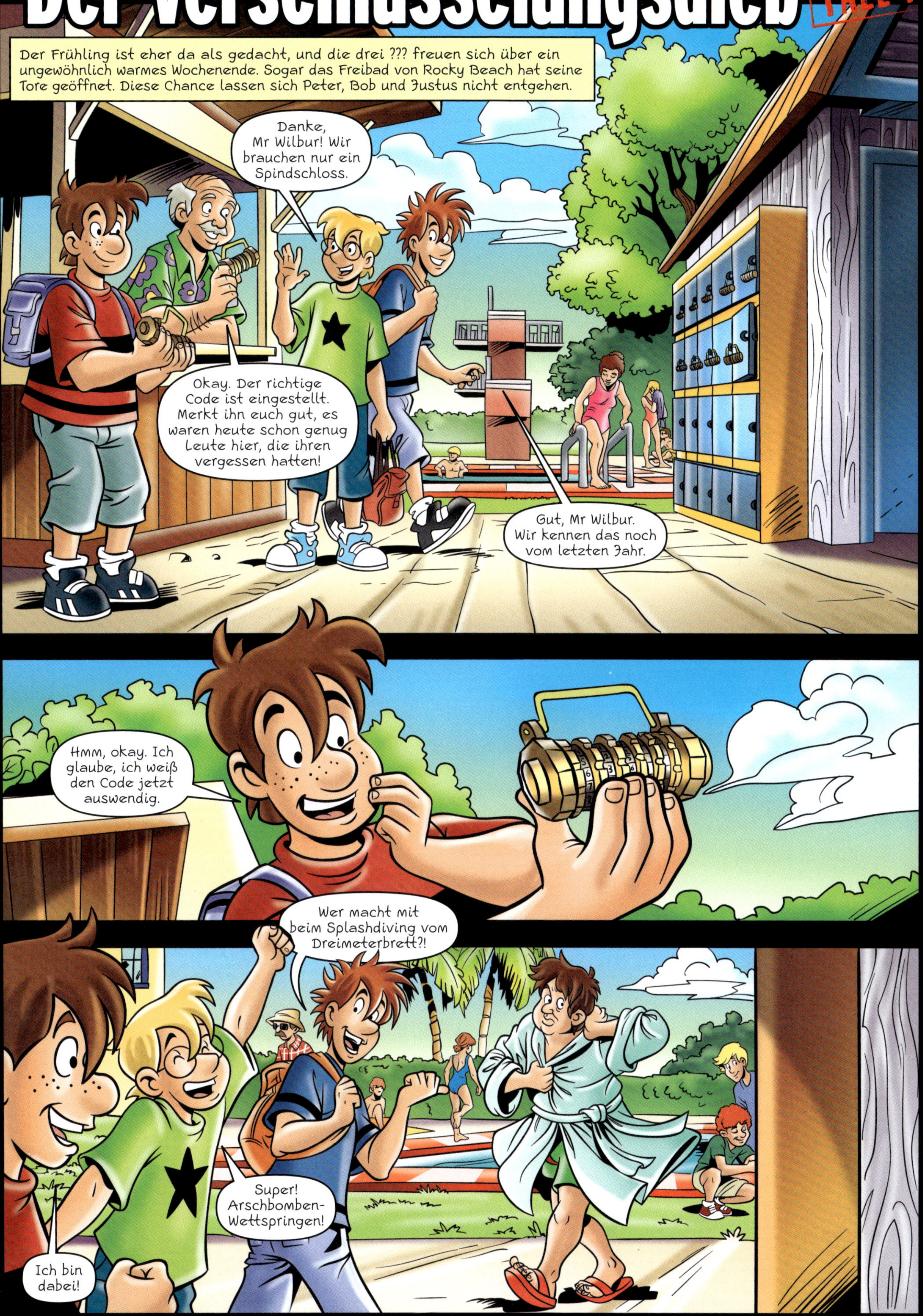

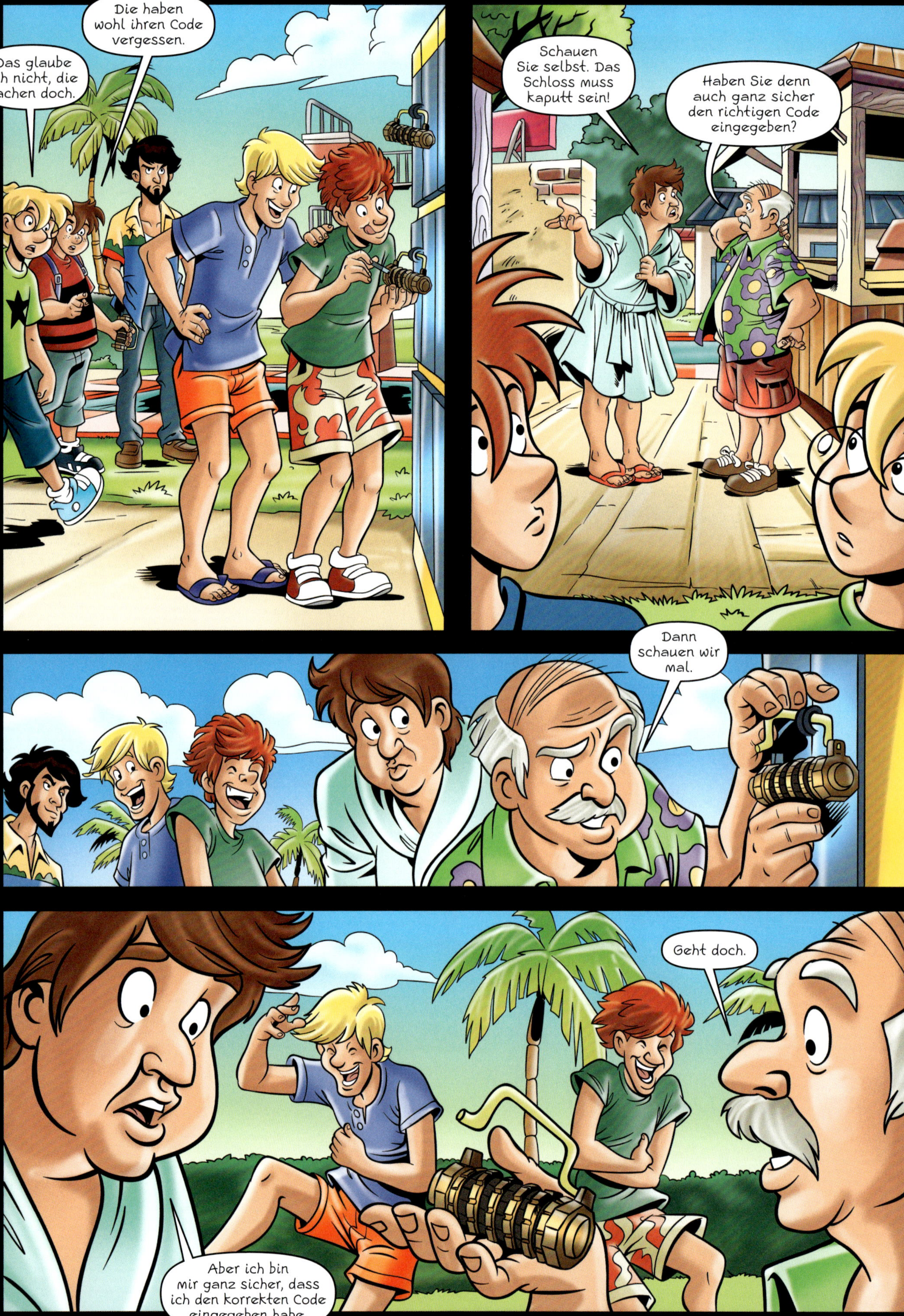
Das glaube ich nicht, die lachen doch.
Die haben wohl ihren Code vergessen.
Schauen Sie selbst. Das Schloss muss kaputt sein!
Haben Sie denn auch ganz sicher den richtigen Code eingegeben?
Dann schauen wir mal.
Aber ich bin mir ganz sicher, dass ich den korrekten Code eingegeben habe.
Geht doch.

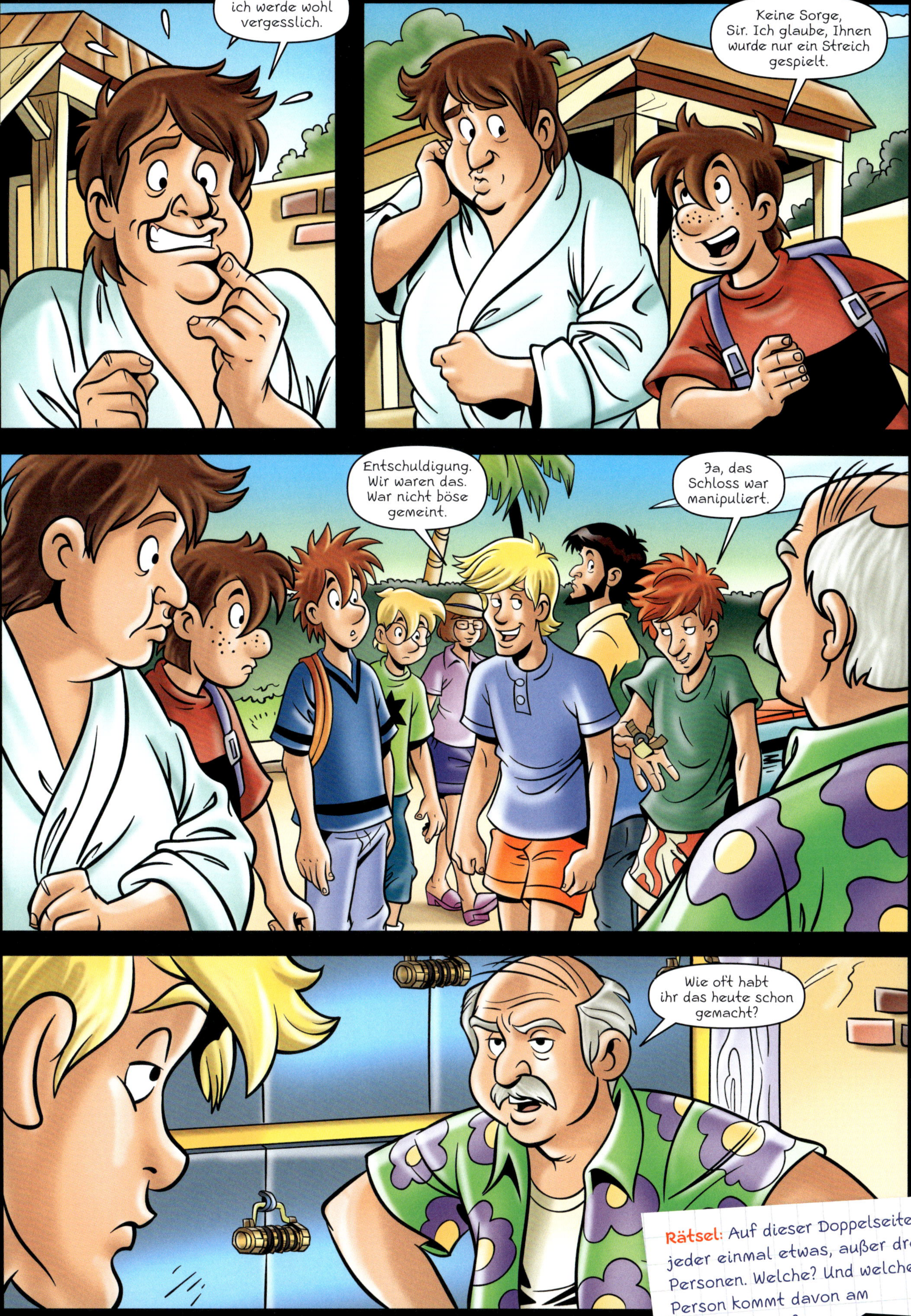
Oje,
ich werde wohl
vergesslich.
Keine Sorge,
Sir. Ich glaube, Ihnen
wurde nur ein Streich
gespielt.
Entschuldigung.
Wir waren das.
War nicht böse
gemeint.
Ja, das
Schloss war
manipuliert.
Wie oft habt
ihr das heute schon
gemacht?
Rätsel: Auf dieser Doppelseite sagt
jeder einmal etwas, außer drei
Personen. Welche? Und welche
Person kommt davon am
häufigsten vor?

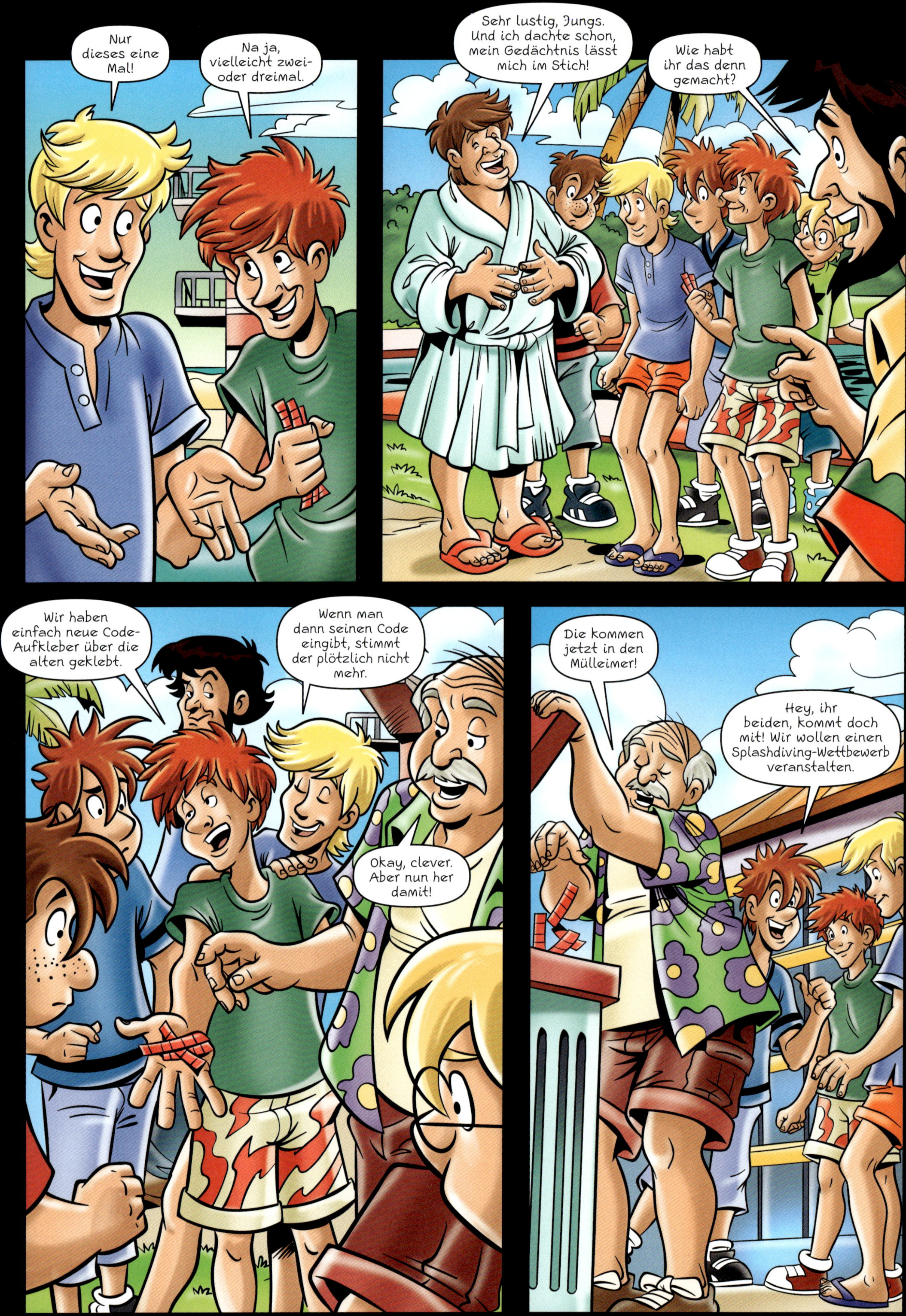
Nur dieses eine Mal!
Na ja, vielleicht zwei- oder dreimal.
Sehr lustig, Jungs. Und ich dachte schon, mein Gedächtnis lässt mich im Stich!
Wie habt ihr das denn gemacht?
Wir haben einfach neue Code-Aufkleber über die alten geklebt.
Wenn man dann seinen Code eingibt, stimmt der plötzlich nicht mehr.
Okay, clever. Aber nun her damit!
Die kommen jetzt in den Mülleimer!
Hey, ihr beiden, kommt doch mit! Wir wollen einen Splashdiving-Wettbewerb veranstalten.

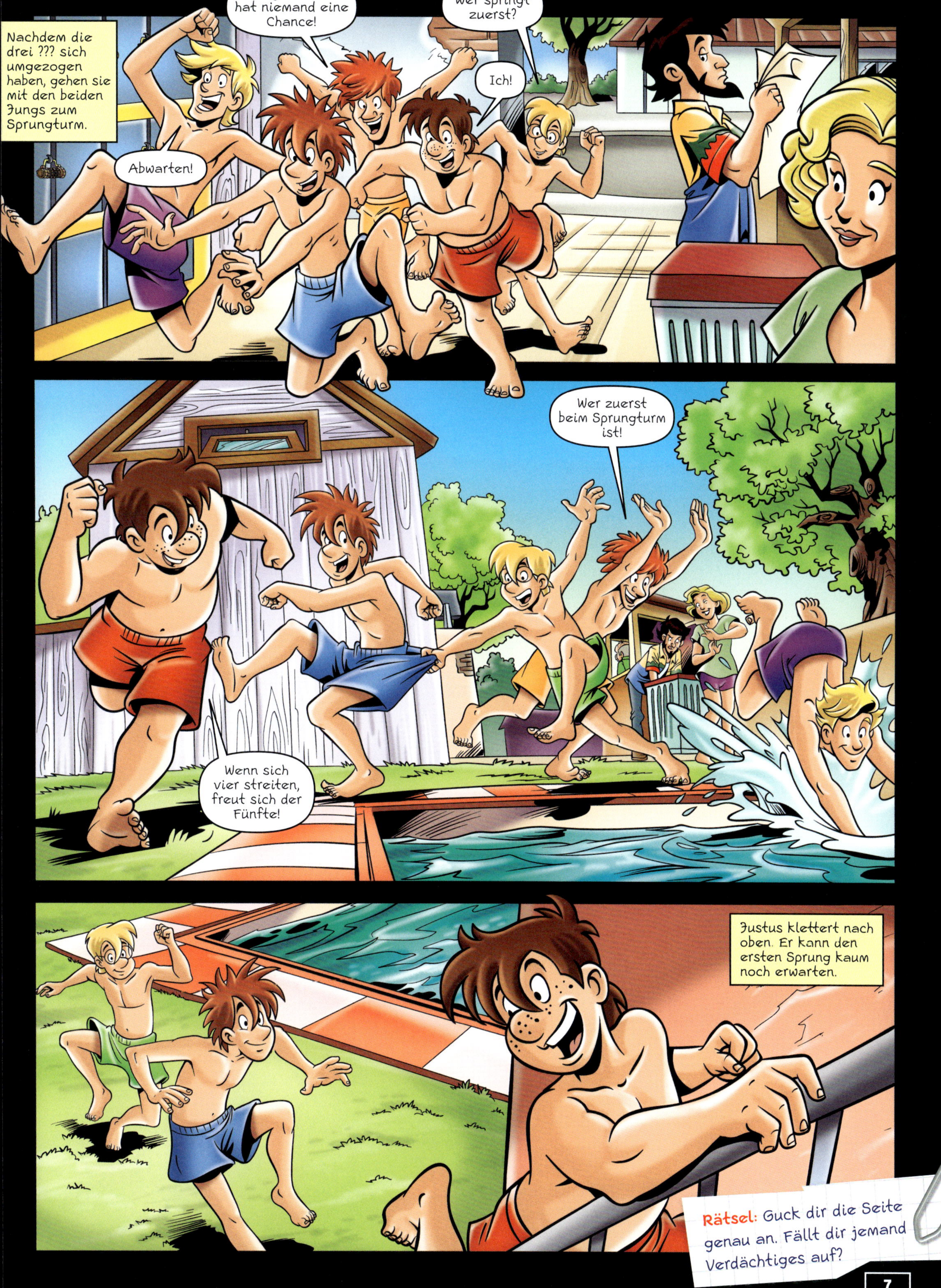

Nachdem die drei ??? sich umgezogen haben, gehen sie mit den beiden Jungs zum Sprungturm.
Gegen mich hat niemand eine Chance!
Wer springt zuerst?
Ich!
Abwarten!
Wer zuerst beim Sprungturm ist!
Wenn sich vier streiten, freut sich der Fünfte!
Justus klettert nach oben. Er kann den ersten Sprung kaum noch erwarten.
Rätsel: Guck dir die Seite genau an. Fällt dir jemand Verdächtiges auf?

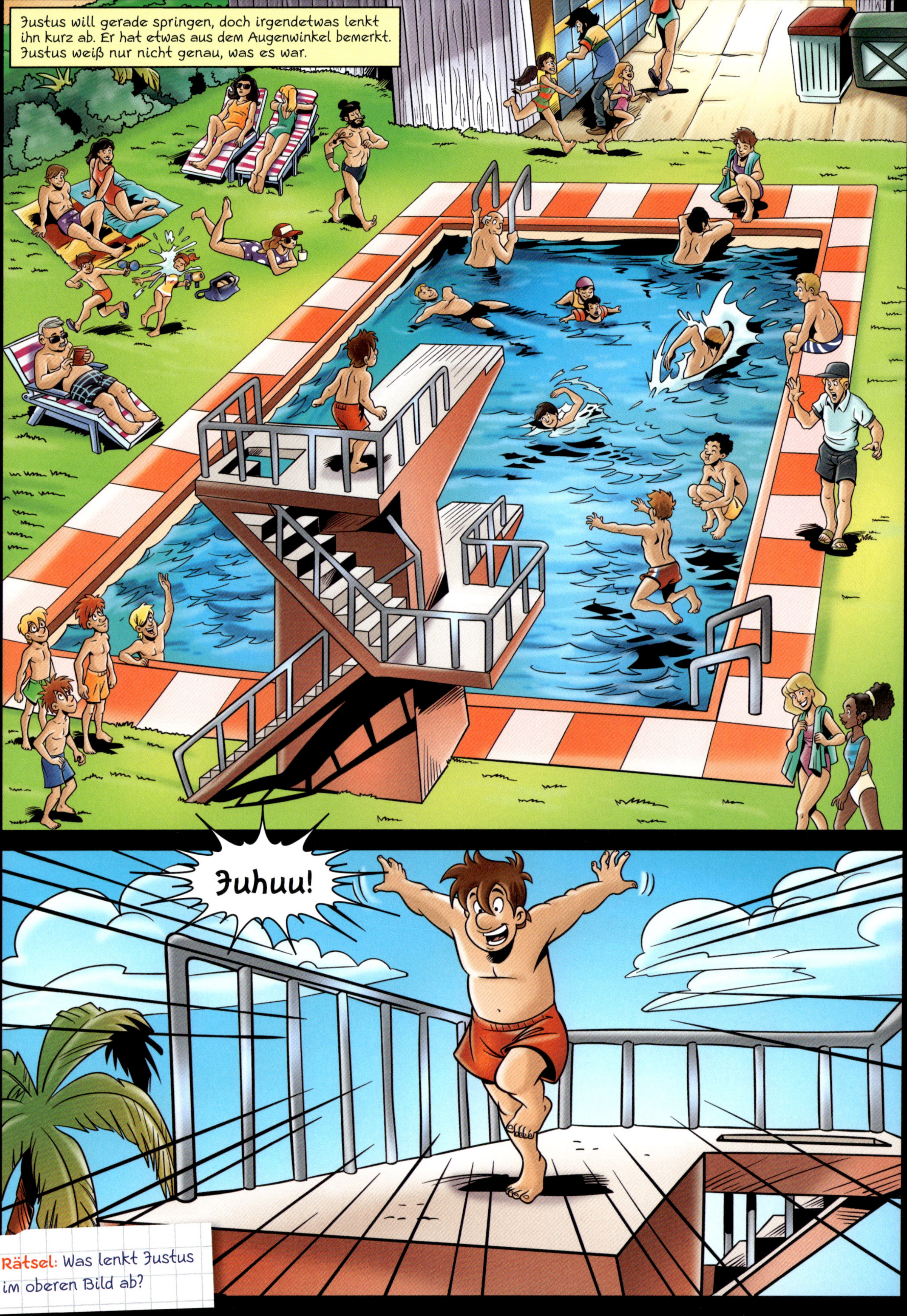

Justus will gerade springen, doch irgendetwas lenkt ihn kurz ab. Er hat etwas aus dem Augenwinkel bemerkt. Justus weiß nur nicht genau, was es war.
Juhuu!
Rätsel: Was lenkt Justus im oberen Bild ab?

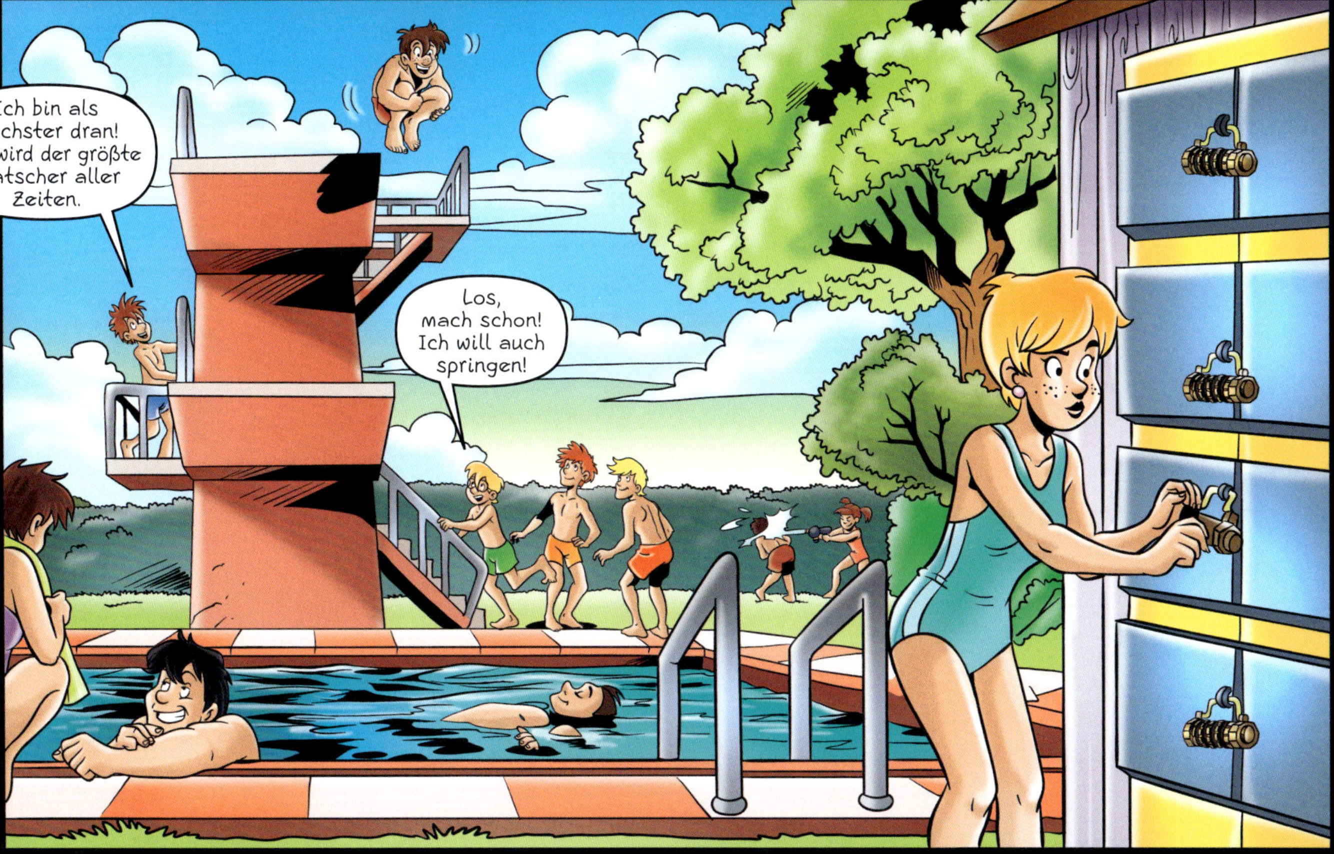
Ich bin als Nächster dran! Das wird der größte Platscher aller Zeiten.
Los, mach schon! Ich will auch springen!

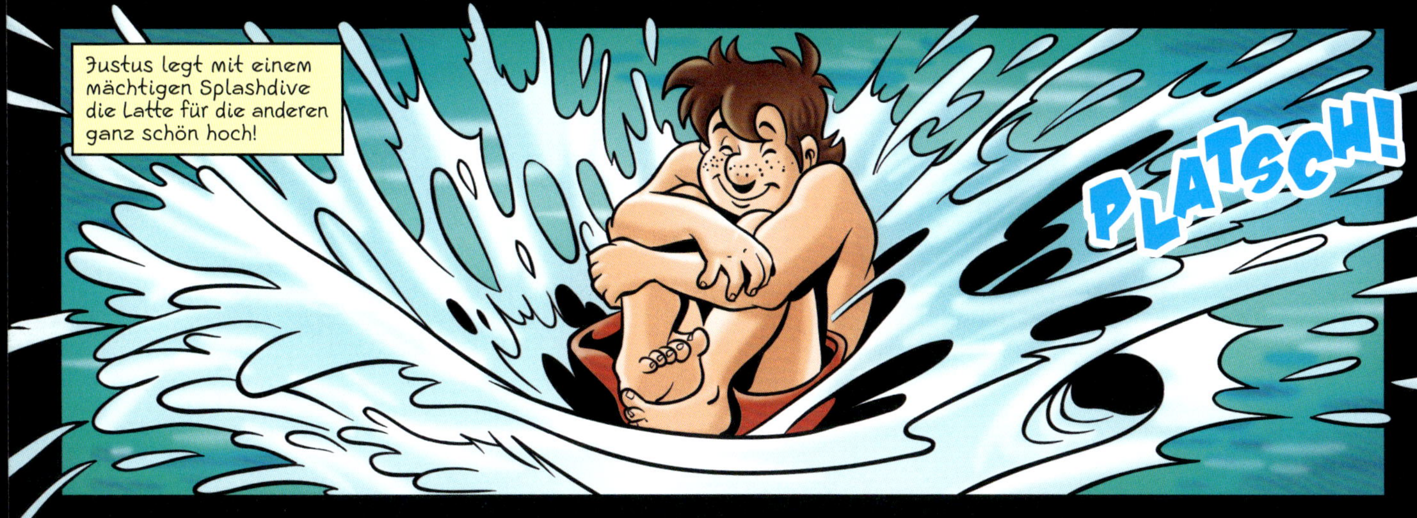
Justus legt mit einem mächtigen Splashdive die Latte für die anderen ganz schön hoch!
PLATSCH!

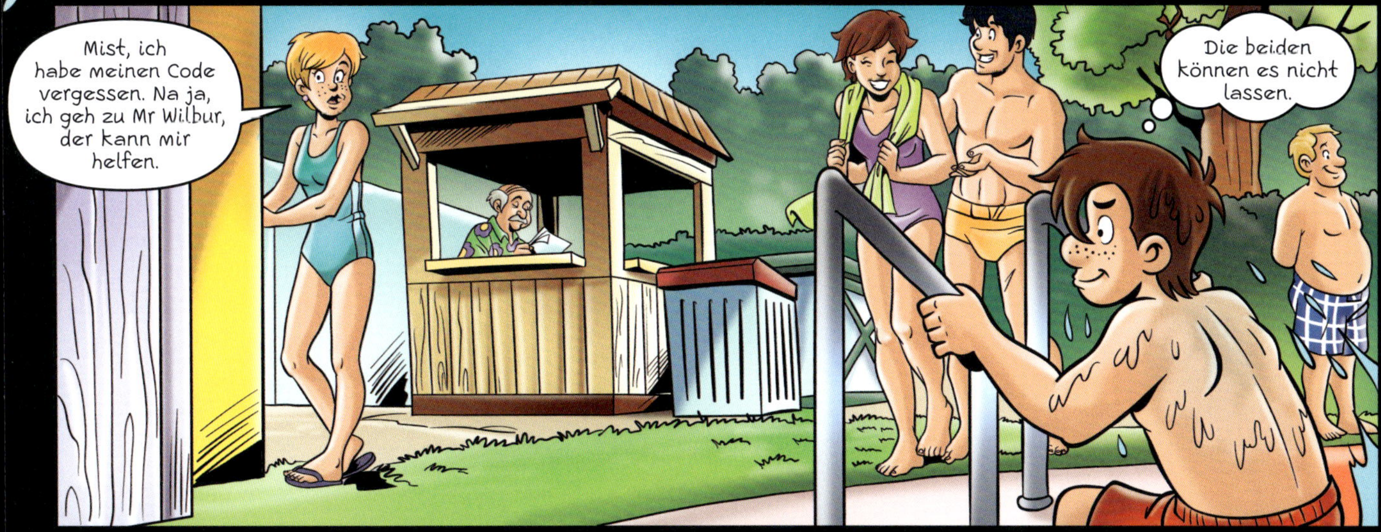
Mist, ich habe meinen Code vergessen. Na ja, ich geh zu Mr Wilbur, der kann mir helfen.
Die beiden können es nicht lassen.

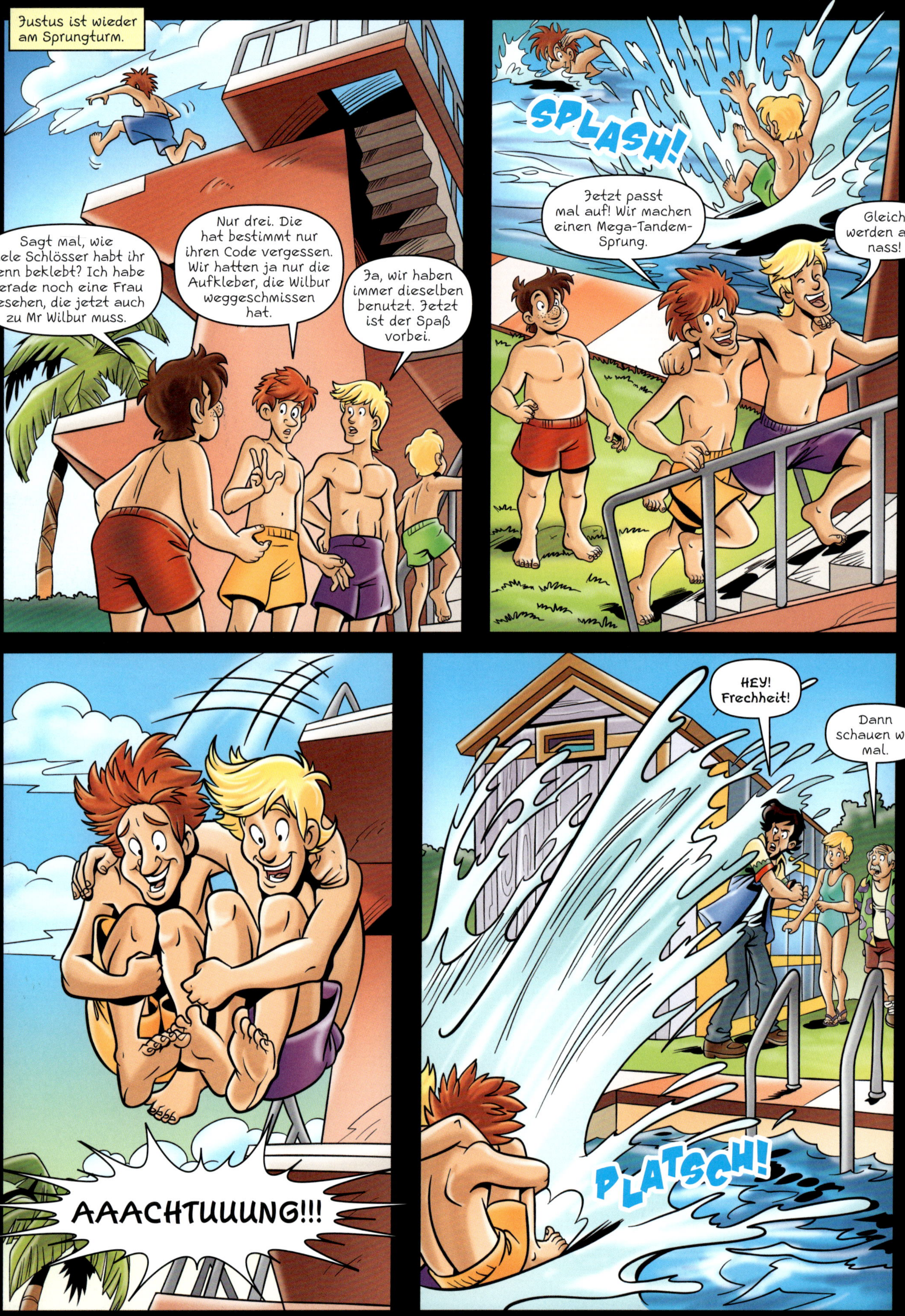
Justus ist wieder am Sprungturm.
Sagt mal, wie viele Schlösser habt ihr denn beklebt? Ich habe gerade noch eine Frau gesehen, die jetzt auch zu Mr Wilbur muss.
Nur drei. Die hat bestimmt nur ihren Code vergessen. Wir hatten ja nur die Aufkleber, die Wilbur weggeschmissen hat.
Ja, wir haben immer dieselben benutzt. Jetzt ist der Spaß vorbei.
SPLASH!
Jetzt passt mal auf! Wir machen einen Mega-Tandem-Sprung.
Gleich werden alle nass!
AAACHTUUUNG!!!
HEY! Frechheit!
Dann schauen wir mal.
PLATSCH!

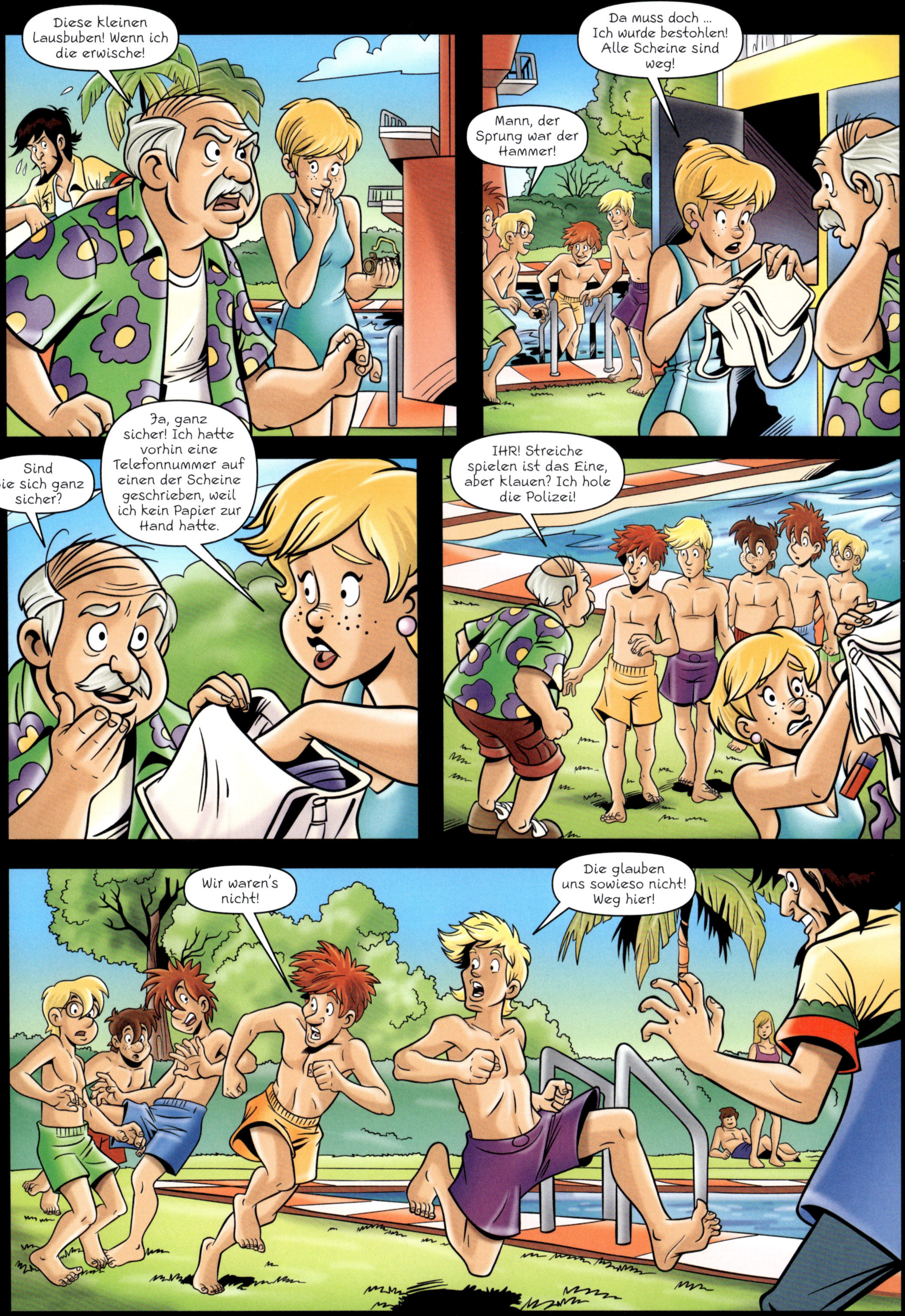
Diese kleinen Lausbuben! Wenn ich die erwische!
Da muss doch ... Ich wurde bestohlen! Alle Scheine sind weg!
Mann, der Sprung war der Hammer!
Sind Sie sich ganz sicher?
Ja, ganz sicher! Ich hatte vorhin eine Telefonnummer auf einen der Scheine geschrieben, weil ich kein Papier zur Hand hatte.
IHR! Streiche spielen ist das Eine, aber klauen? Ich hole die Polizei!
Wir waren's nicht!
Die glauben uns sowieso nicht! Weg hier!

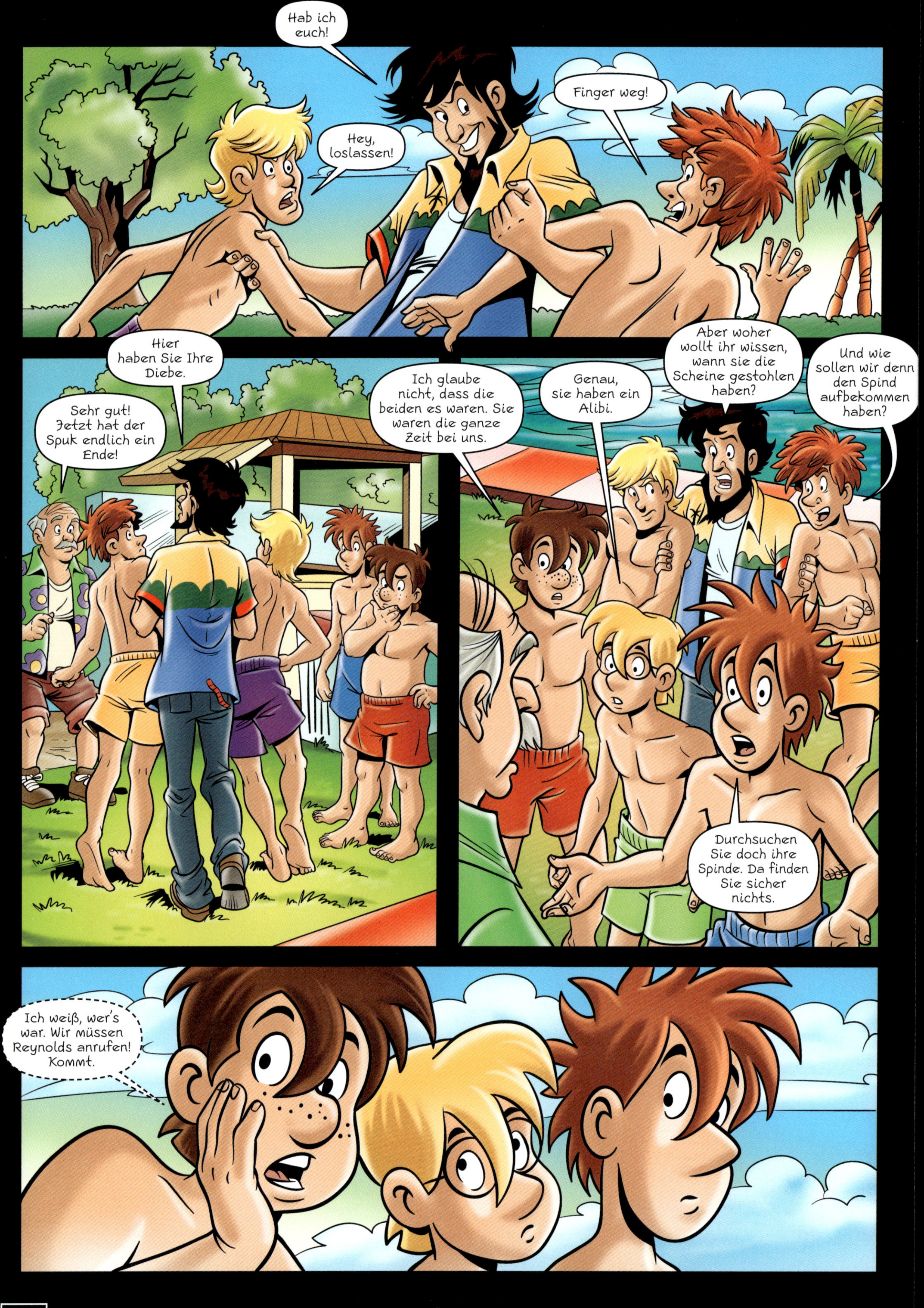
Hab ich euch!
Hey, loslassen!
Finger weg!
Hier haben Sie Ihre Diebe.
Sehr gut! Jetzt hat der Spuk endlich ein Ende!
Ich glaube nicht, dass die beiden es waren. Sie waren die ganze Zeit bei uns.
Genau, sie haben ein Alibi.
Aber woher wollt ihr wissen, wann sie die Scheine gestohlen haben?
Und wie sollen wir denn den Spind aufbekommen haben?
Durchsuchen Sie doch ihre Spinde. Da finden Sie sicher nichts.
Ich weiß, wer's war. Wir müssen Reynolds anrufen! Kommt.

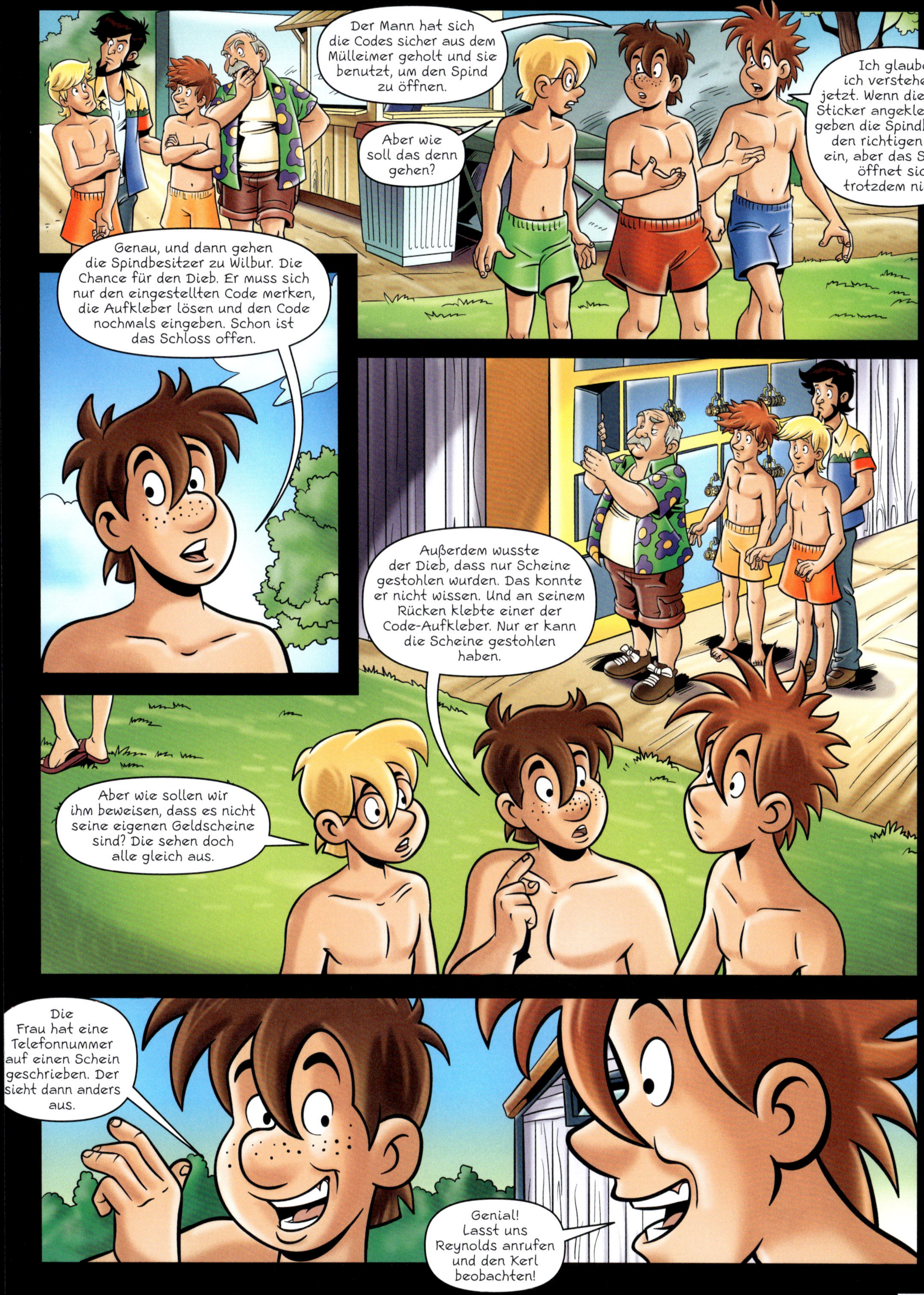

Der Mann hat sich die Codes sicher aus dem Mülleimer geholt und sie benutzt, um den Spind zu öffnen.
Aber wie soll das denn gehen?
Ich glaube, ich verstehe es jetzt. Wenn die neuen Sticker angeklebt sind, geben die Spindbesitzer den richtigen Code ein, aber das Schloss öffnet sich trotzdem nicht.
Genau, und dann gehen die Spindbesitzer zu Wilbur. Die Chance für den Dieb. Er muss sich nur den eingestellten Code merken, die Aufkleber lösen und den Code nochmals eingeben. Schon ist das Schloss offen.
Außerdem wusste der Dieb, dass nur Scheine gestohlen wurden. Das konnte er nicht wissen. Und an seinem Rücken klebte einer der Code-Aufkleber. Nur er kann die Scheine gestohlen haben.
Aber wie sollen wir ihm beweisen, dass es nicht seine eigenen Geldscheine sind? Die sehen doch alle gleich aus.
Die Frau hat eine Telefonnummer auf einen Schein geschrieben. Der sieht dann anders aus.
Genial! Lasst uns Reynolds anrufen und den Kerl beobachten!

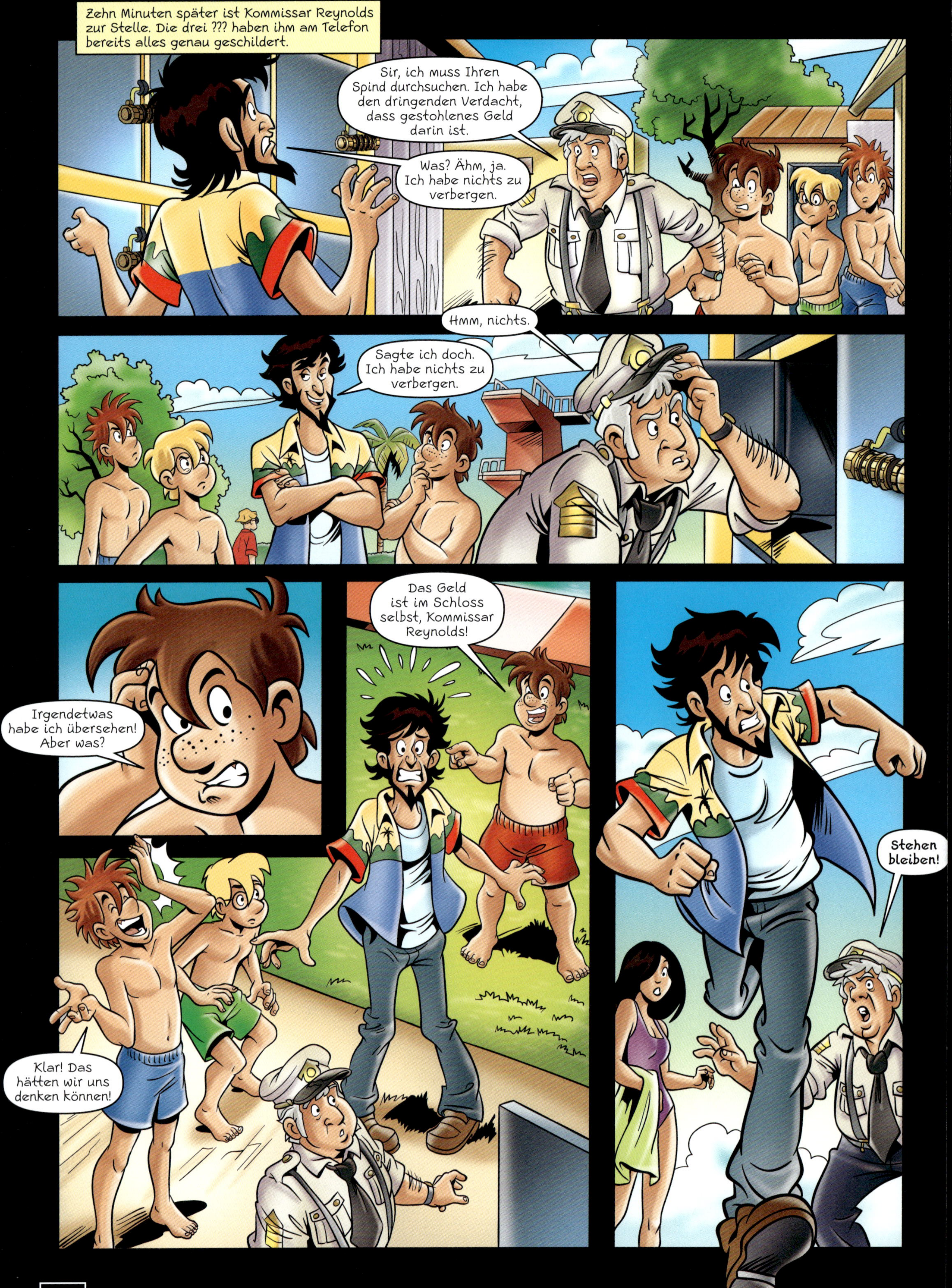
Zehn Minuten später ist Kommissar Reynolds zur Stelle. Die drei ??? haben ihm am Telefon bereits alles genau geschildert.
Sir, ich muss Ihren Spind durchsuchen. Ich habe den dringenden Verdacht, dass gestohlenes Geld darin ist.
Was? Ähm, ja. Ich habe nichts zu verbergen.
Hmm, nichts.
Sagte ich doch. Ich habe nichts zu verbergen.
Irgendetwas habe ich übersehen! Aber was?
Das Geld ist im Schloss selbst, Kommissar Reynolds!
Klar! Das hätten wir uns denken können!
Stehen bleiben!

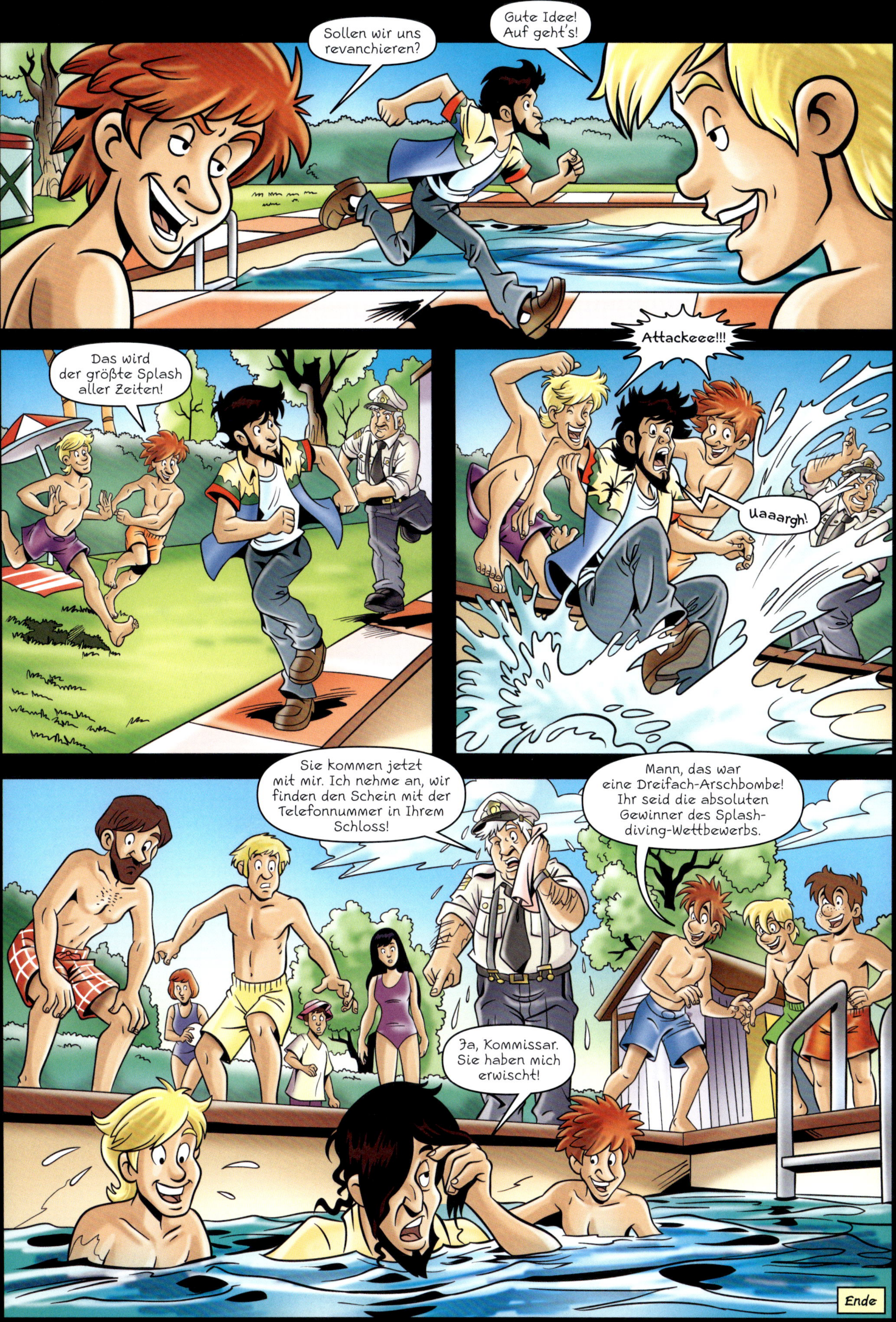

Sollen wir uns revanchieren?
Gute Idee! Auf geht's!
Das wird der größte Splash aller Zeiten!
Attackeee!!!
Uaaargh!
Sie kommen jetzt mit mir. Ich nehme an, wir finden den Schein mit der Telefonnummer in Ihrem Schloss!
Mann, das war eine Dreifach-Arschbombe! Ihr seid die absoluten Gewinner des Splash-diving-Wettbewerbs.
Ja, Kommissar. Sie haben mich erwischt!
Ende

Der Fluch der Indianer

FALL 2

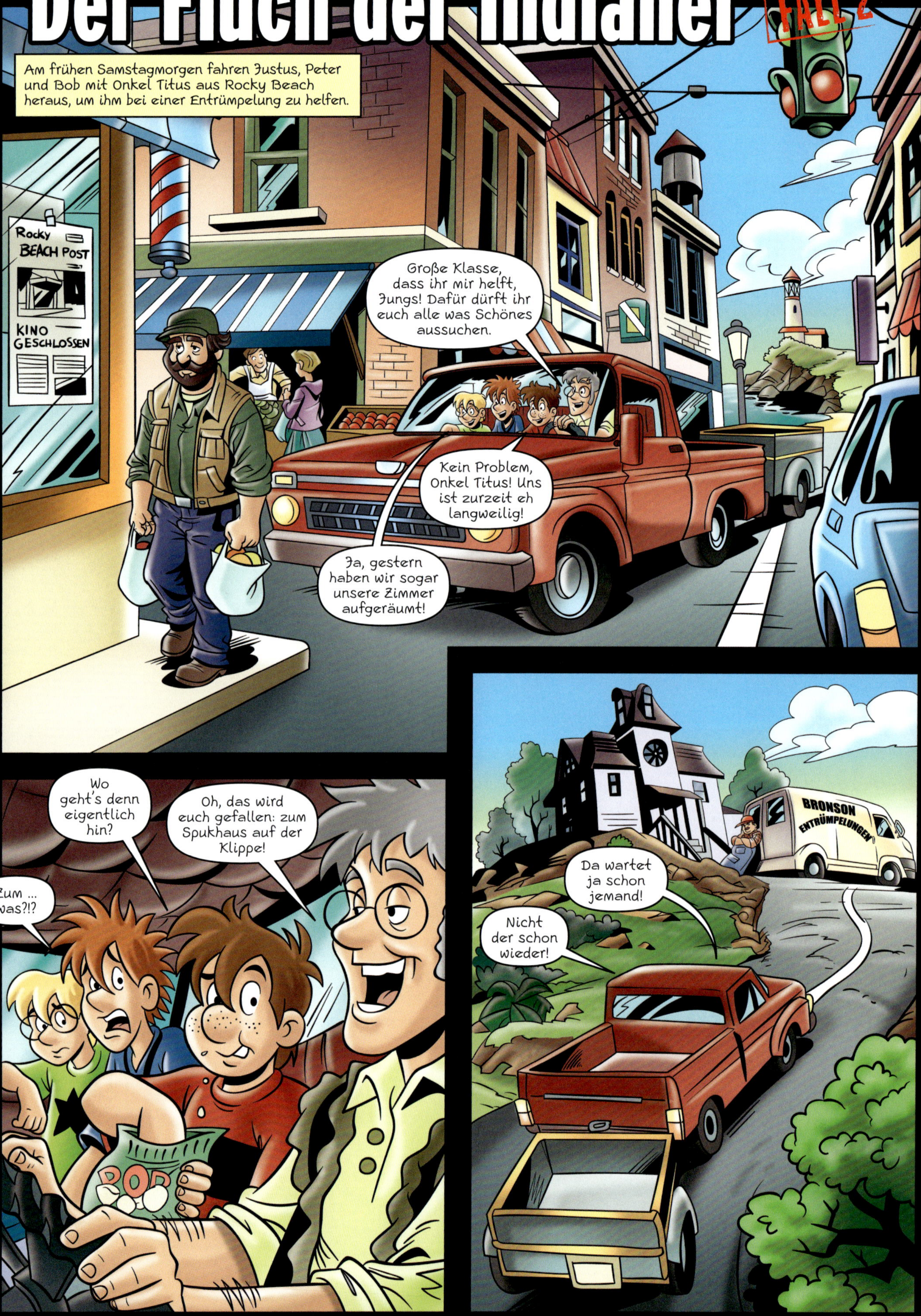

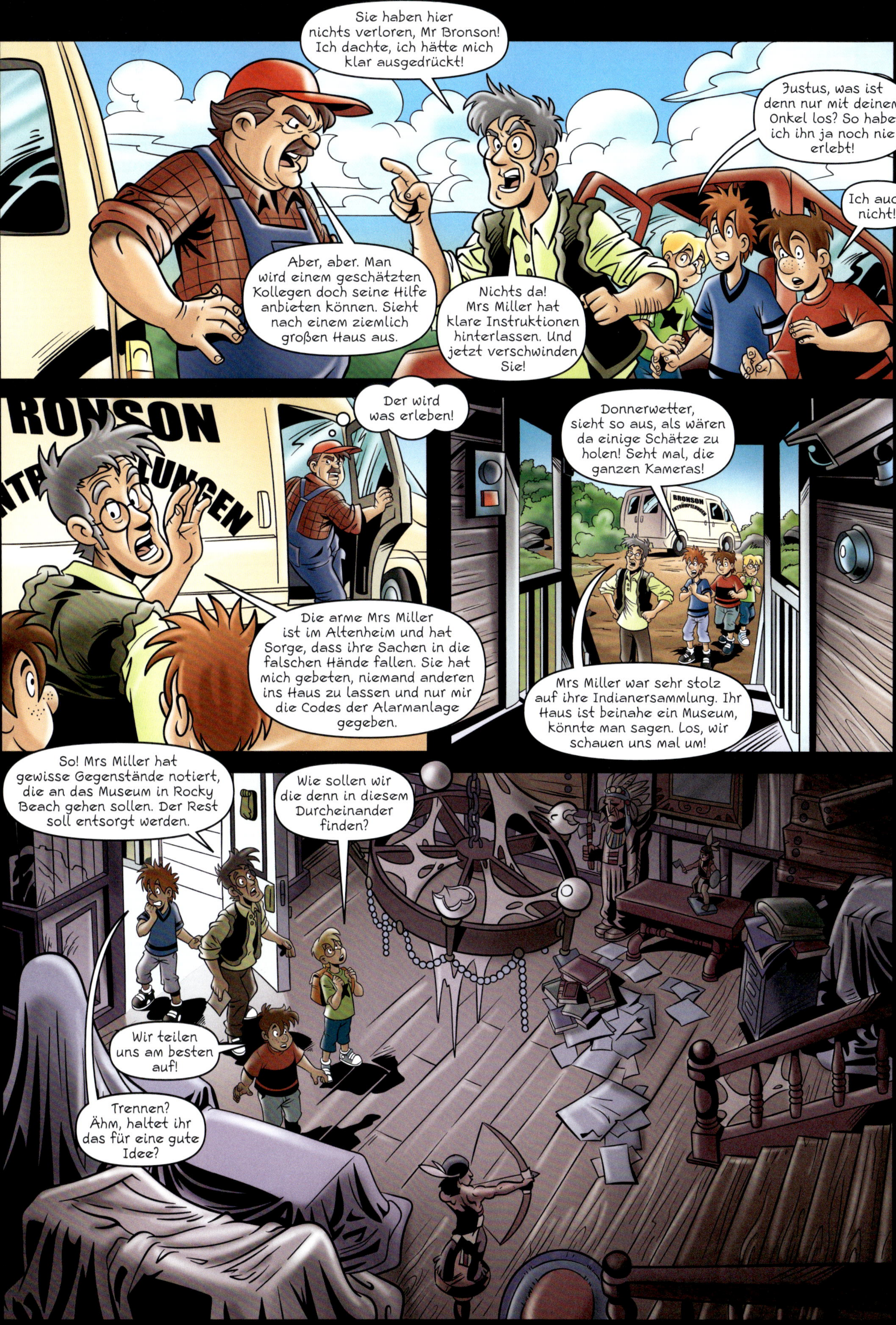

Sie haben hier nichts verloren, Mr Bronson! Ich dachte, ich hätte mich klar ausgedrückt!
Aber, aber. Man wird einem geschätzten Kollegen doch seine Hilfe anbieten können. Sieht nach einem ziemlich großen Haus aus.
Nichts da! Mrs Miller hat klare Instruktionen hinterlassen. Und jetzt verschwinden Sie!
Justus, was ist denn nur mit deinem Onkel los? So habe ich ihn ja noch nie erlebt!
Ich auch nicht!
Der wird was erleben!
Die arme Mrs Miller ist im Altenheim und hat Sorge, dass ihre Sachen in die falschen Hände fallen. Sie hat mich gebeten, niemand anderen ins Haus zu lassen und nur mir die Codes der Alarmanlage gegeben.
Donnerwetter, sieht so aus, als wären da einige Schätze zu holen! Seht mal, die ganzen Kameras!
Mrs Miller war sehr stolz auf ihre Indianersammlung. Ihr Haus ist beinahe ein Museum, könnte man sagen. Los, wir schauen uns mal um!
So! Mrs Miller hat gewisse Gegenstände notiert, die an das Museum in Rocky Beach gehen sollen. Der Rest soll entsorgt werden.
Wie sollen wir die denn in diesem Durcheinander finden?
Wir teilen uns am besten auf!
Trennen? Ähm, haltet ihr das für eine gute Idee?

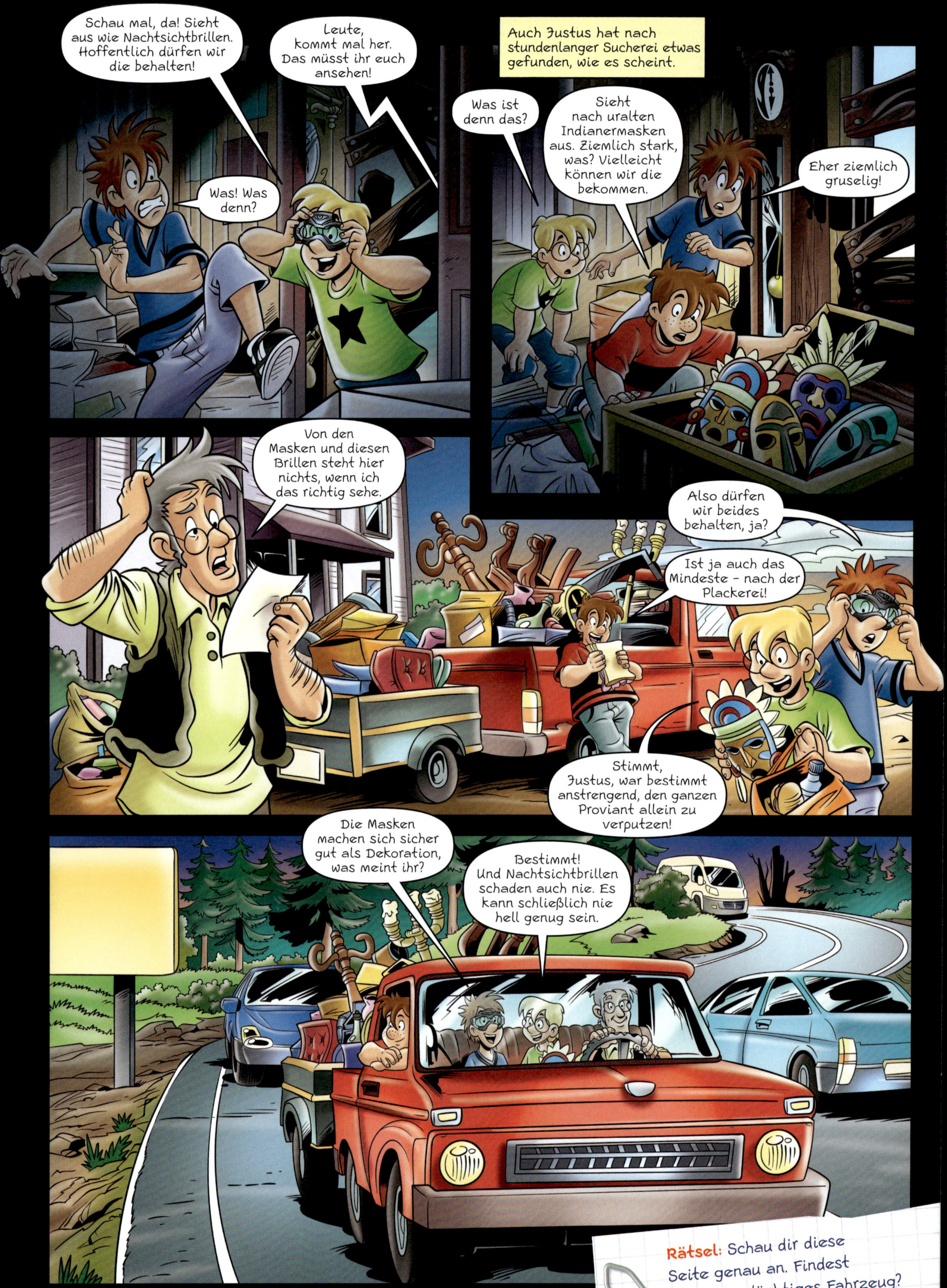

Rätsel: Schau dir diese Seite genau an. Findest du ein verdächtiges Fahrzeug?

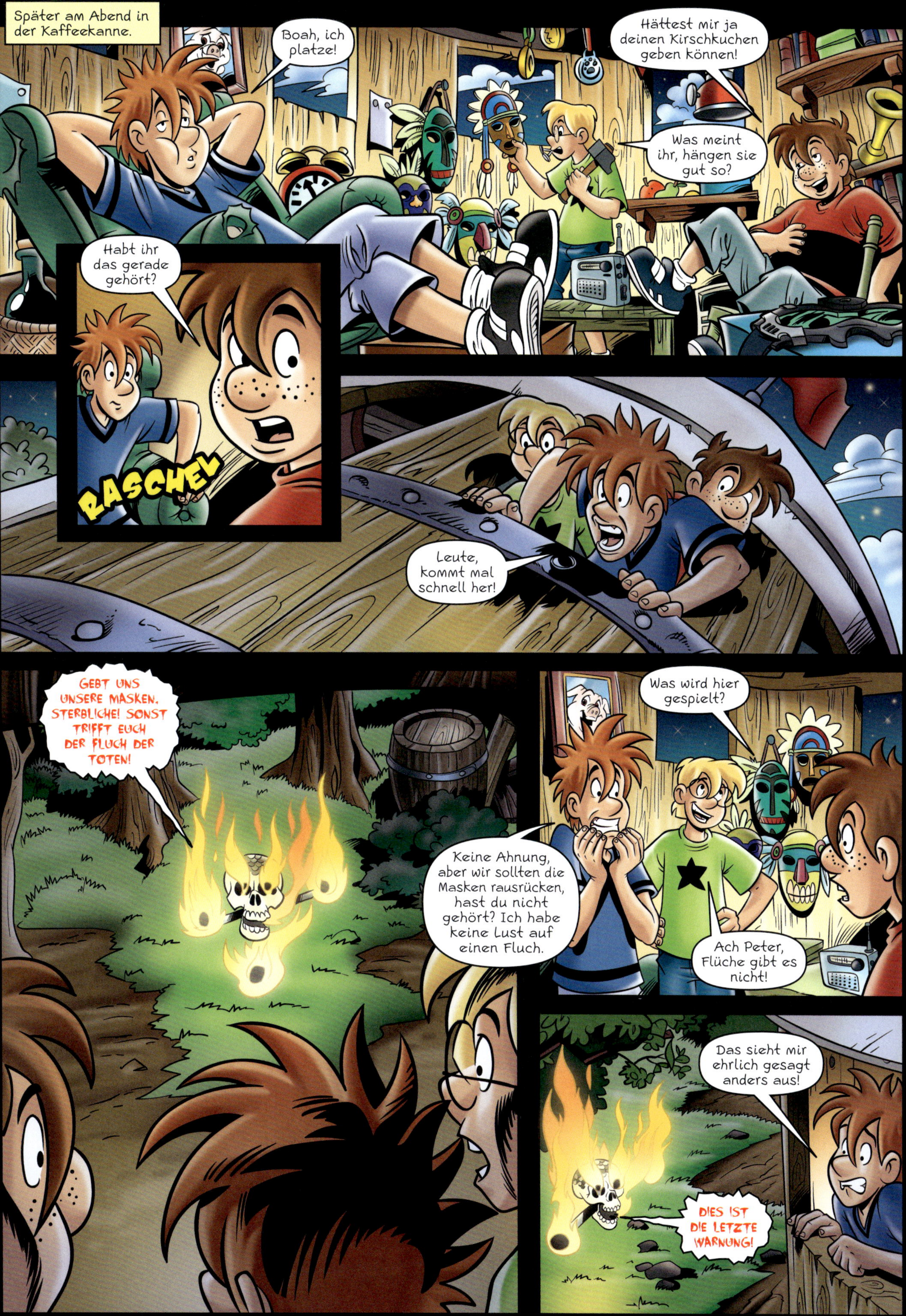
Später am Abend in der Kaffeekanne.
Boah, ich platze!
Hättest mir ja deinen Kirschkuchen geben können!
Was meint ihr, hängen sie gut so?
Habt ihr das gerade gehört?
RASCHEL
Leute, kommt mal schnell her!
GEBT UNS UNSERE MASKEN, STERBLICHE! SONST TRIFFT EUCH DER FLUCH DER TOTEN!
Was wird hier gespielt?
Keine Ahnung, aber wir sollten die Masken rausrücken, hast du nicht gehört? Ich habe keine Lust auf einen Fluch.
Ach Peter, Flüche gibt es nicht!
Das sieht mir ehrlich gesagt anders aus!
DIES IST DIE LETZTE WARNUNG!

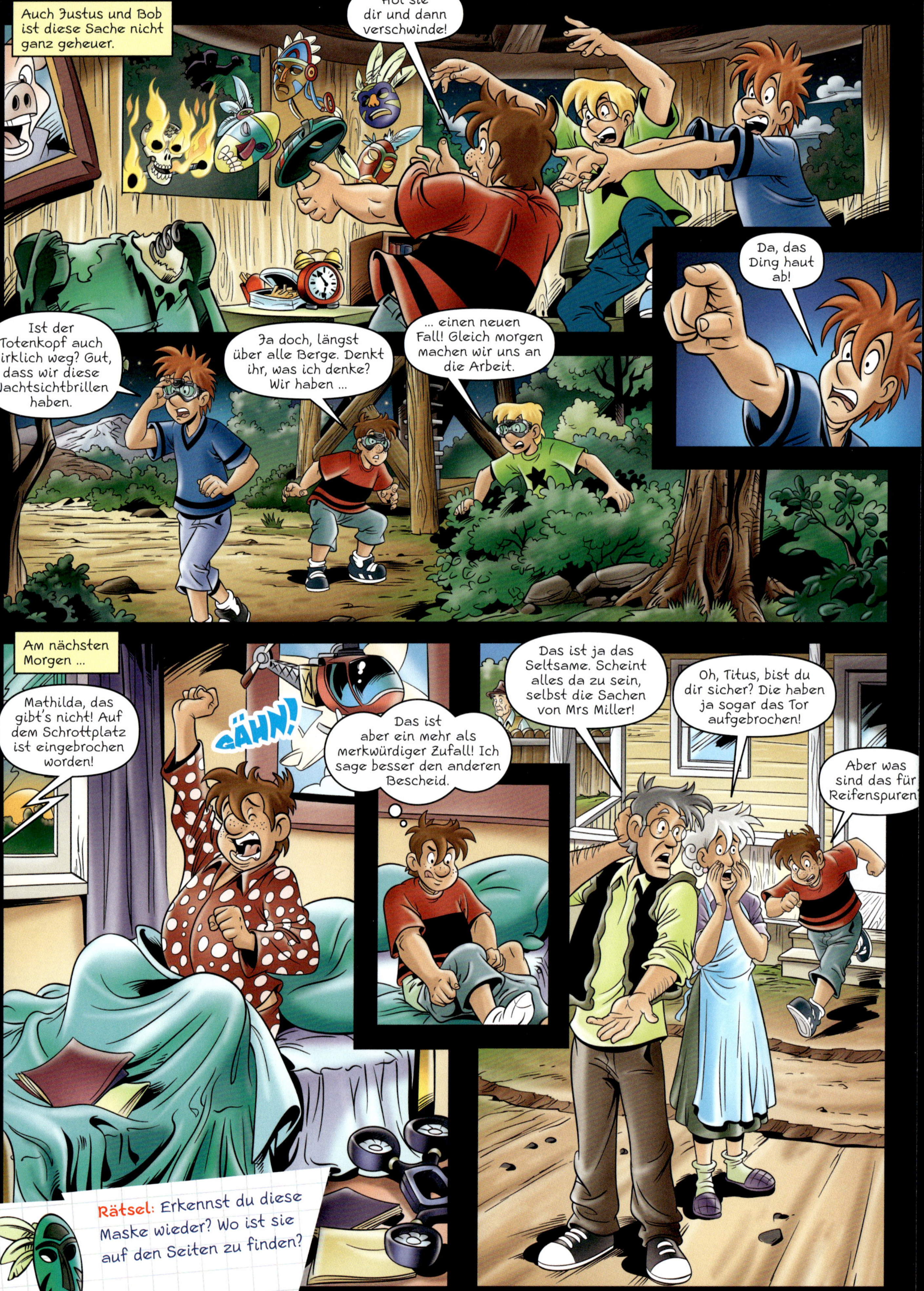

Rätsel: Erkennst du diese Maske wieder? Wo ist sie auf den Seiten zu finden?

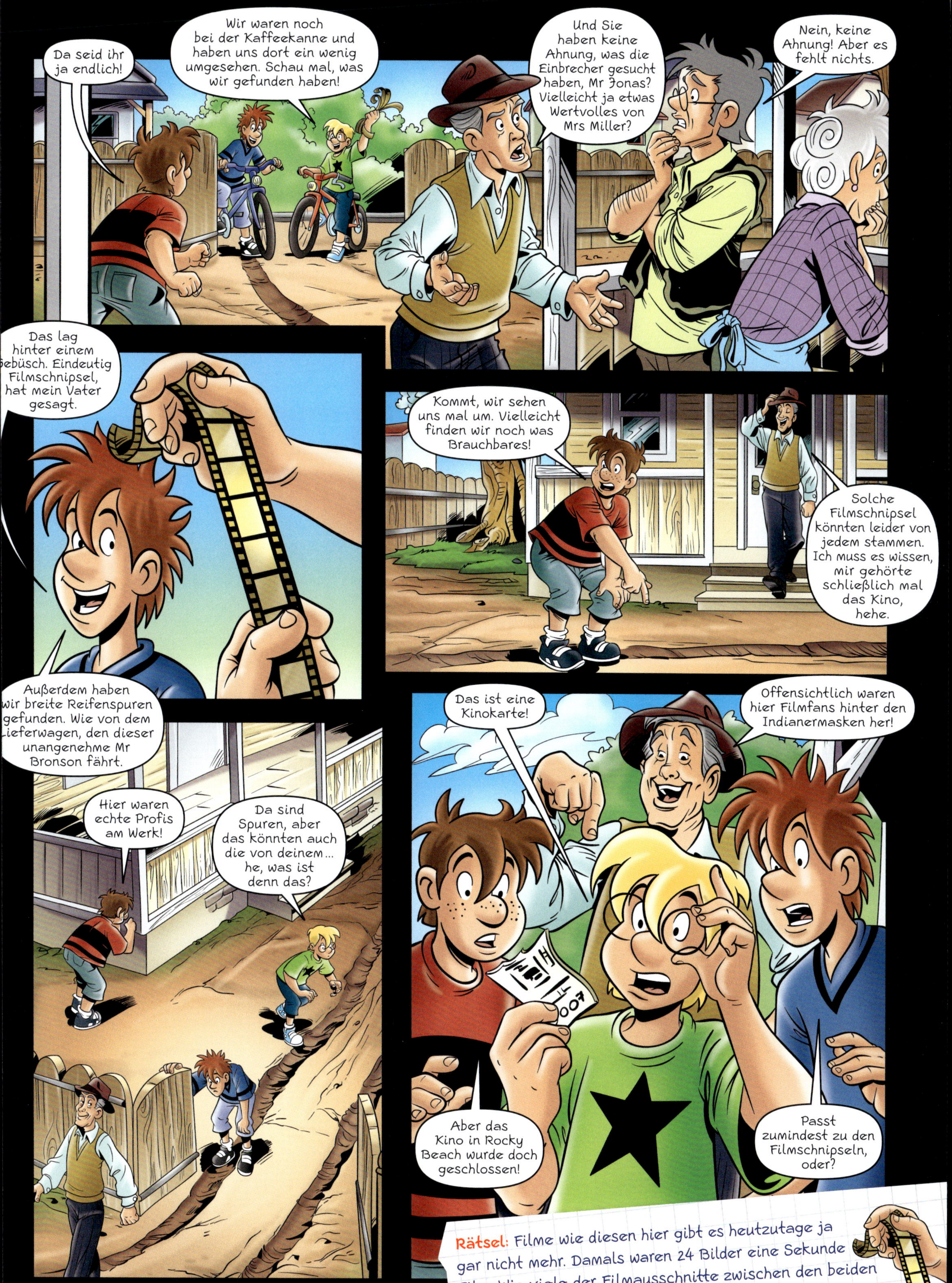

Rätsel: Filme wie diesen hier gibt es heutzutage ja gar nicht mehr. Damals waren 24 Bilder eine Sekunde Film. Wie viele der Filmausschnitte zwischen den beiden Daumen bräuchte man also für eine Sekunde Film?

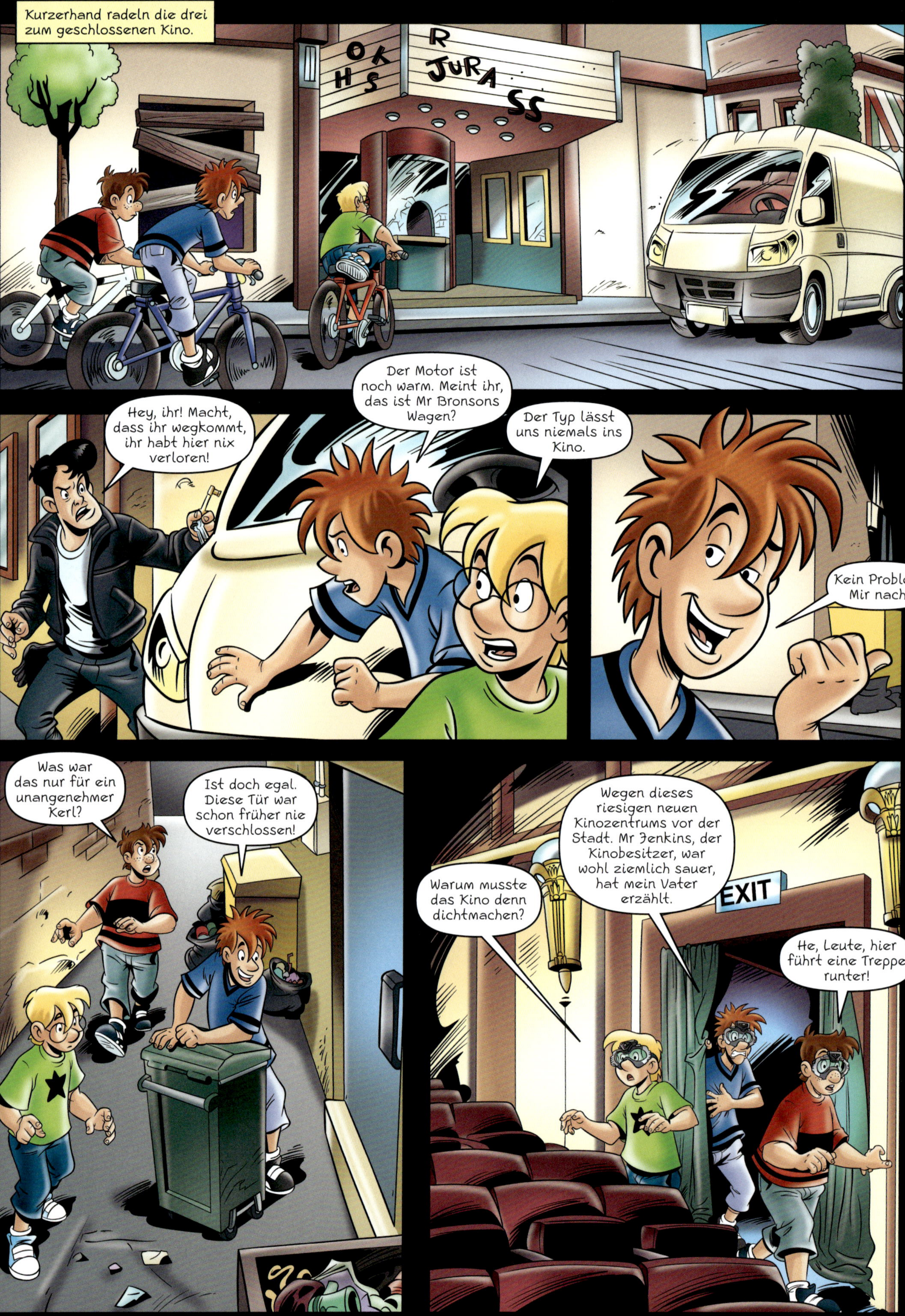
Kurzerhand radeln die drei zum geschlossenen Kino.
Hey, ihr! Macht, dass ihr wegkommt, ihr habt hier nix verloren!
Der Motor ist noch warm. Meint ihr, das ist Mr Bronsons Wagen?
Der Typ lässt uns niemals ins Kino.
Kein Problem. Mir nach!
Was war das nur für ein unangenehmer Kerl?
Ist doch egal. Diese Tür war schon früher nie verschlossen!
Warum musste das Kino denn dichtmachen?
Wegen dieses riesigen neuen Kinozentrums vor der Stadt. Mr Jenkins, der Kinobesitzer, war wohl ziemlich sauer, hat mein Vater erzählt.
EXIT
He, Leute, hier führt eine Treppe runter!

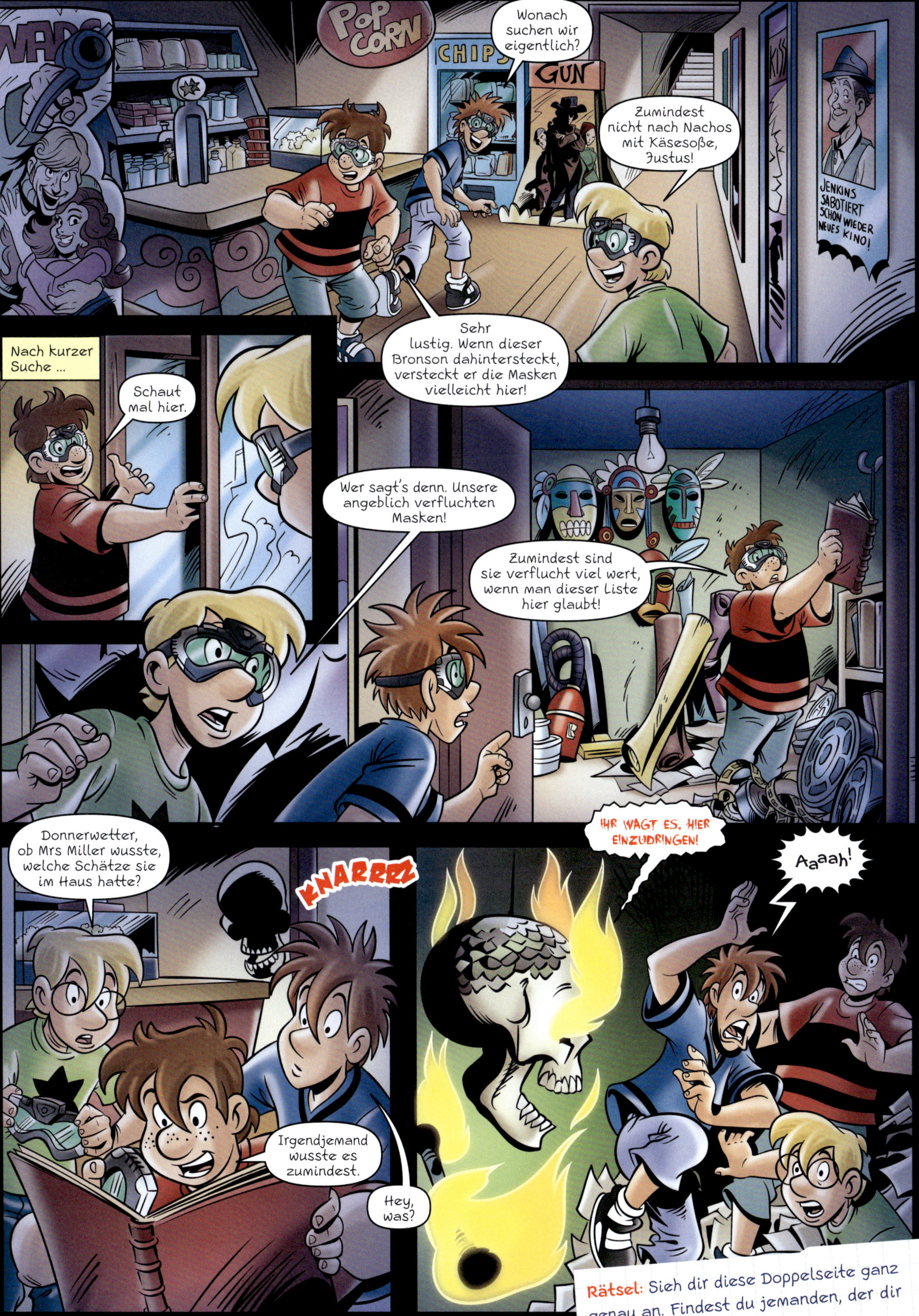

Rätsel: Sieh dir diese Doppelseite ganz genau an. Findest du jemanden, der dir bekannt vorkommt?

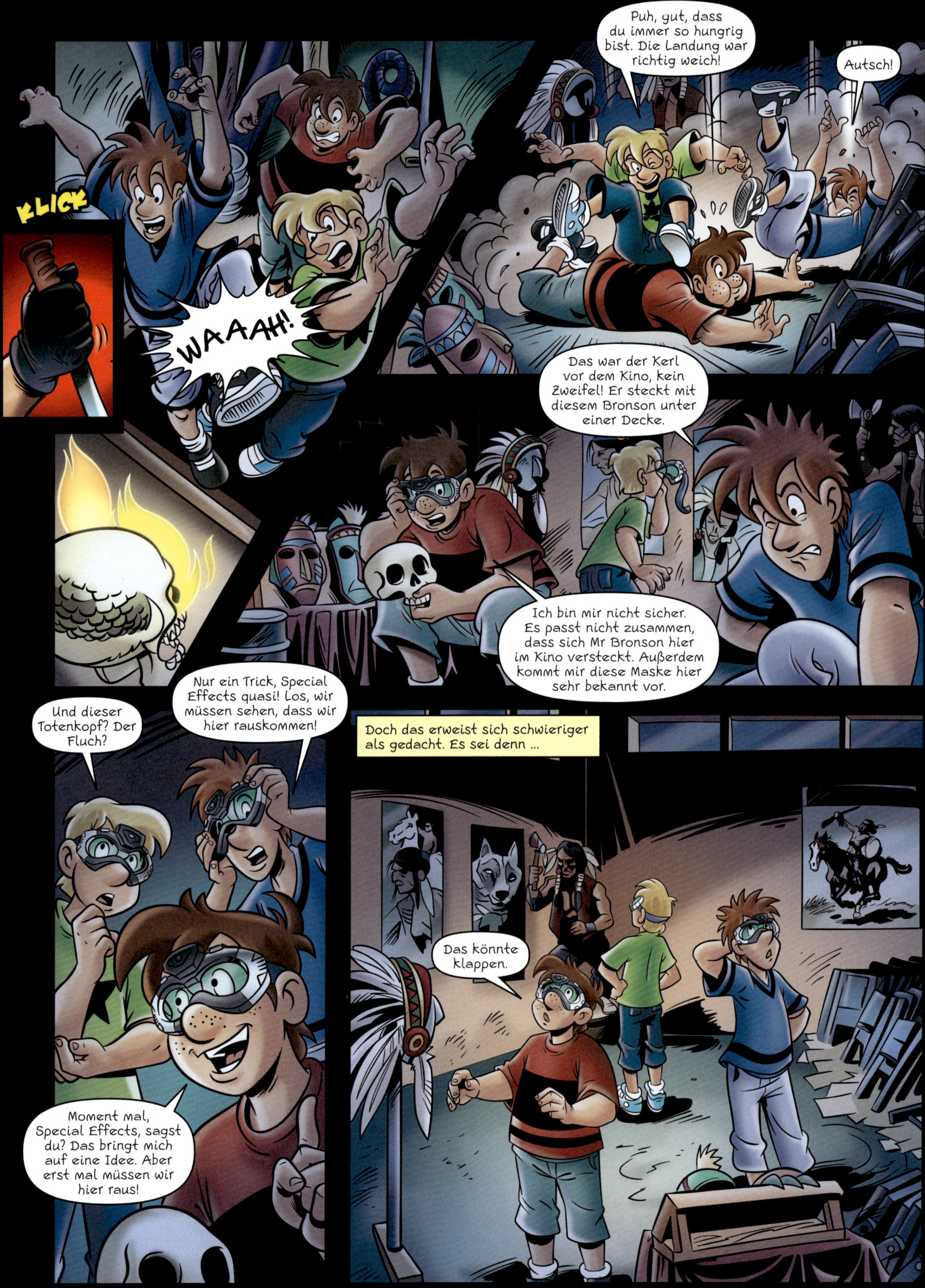

KLICK
WAAAH!
Puh, gut, dass du immer so hungrig bist. Die Landung war richtig weich!
Autsch!
Das war der Kerl vor dem Kino, kein Zweifel! Er steckt mit diesem Bronson unter einer Decke.
Ich bin mir nicht sicher. Es passt nicht zusammen, dass sich Mr Bronson hier im Kino versteckt. Außerdem kommt mir diese Maske hier sehr bekannt vor.
Und dieser Totenkopf? Der Fluch?
Nur ein Trick, Special Effects quasi! Los, wir müssen sehen, dass wir hier rauskommen!
Moment mal, Special Effects, sagst du? Das bringt mich auf eine Idee. Aber erst mal müssen wir hier raus!
Doch das erweist sich schwieriger als gedacht. Es sei denn …
Das könnte klappen.

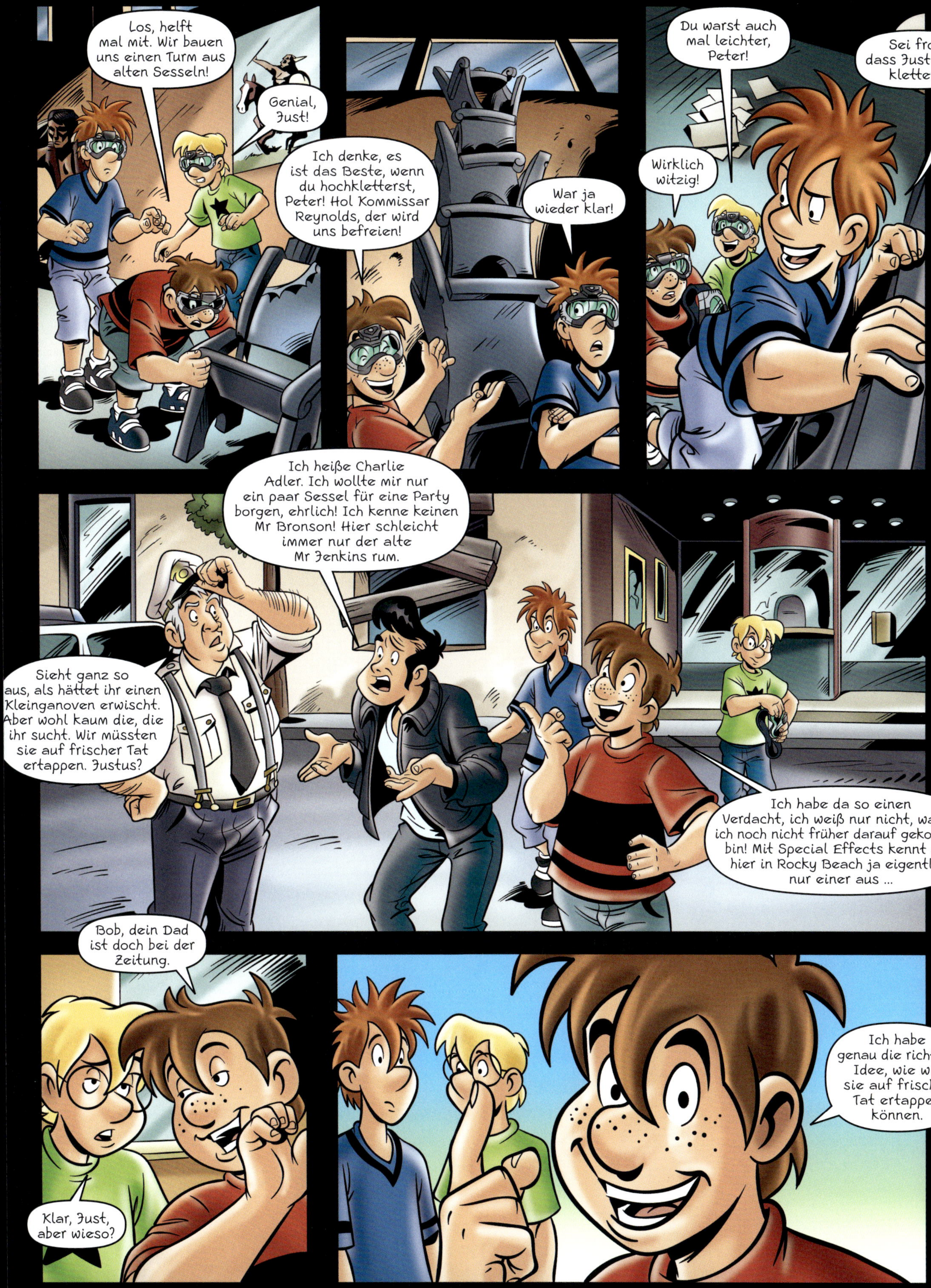
Los, helft mal mit. Wir bauen uns einen Turm aus alten Sesseln!
Genial, Just!
Ich denke, es ist das Beste, wenn du hochkletterst, Peter! Hol Kommissar Reynolds, der wird uns befreien!
War ja wieder klar!
Du warst auch mal leichter, Peter!
Wirklich witzig!
Sei froh, dass Just nicht klettert!
Ich heiße Charlie Adler. Ich wollte mir nur ein paar Sessel für eine Party borgen, ehrlich! Ich kenne keinen Mr Bronson! Hier schleicht immer nur der alte Mr Jenkins rum.
Sieht ganz so aus, als hättet ihr einen Kleinganoven erwischt. Aber wohl kaum die, die ihr sucht. Wir müssten sie auf frischer Tat ertappen. Justus?
Ich habe da so einen Verdacht, ich weiß nur nicht, warum ich noch nicht früher darauf gekommen bin! Mit Special Effects kennt sich hier in Rocky Beach ja eigentlich nur einer aus …
Bob, dein Dad ist doch bei der Zeitung.
Klar, Just, aber wieso?
Ich habe genau die richtige Idee, wie wir sie auf frischer Tat ertappen können.

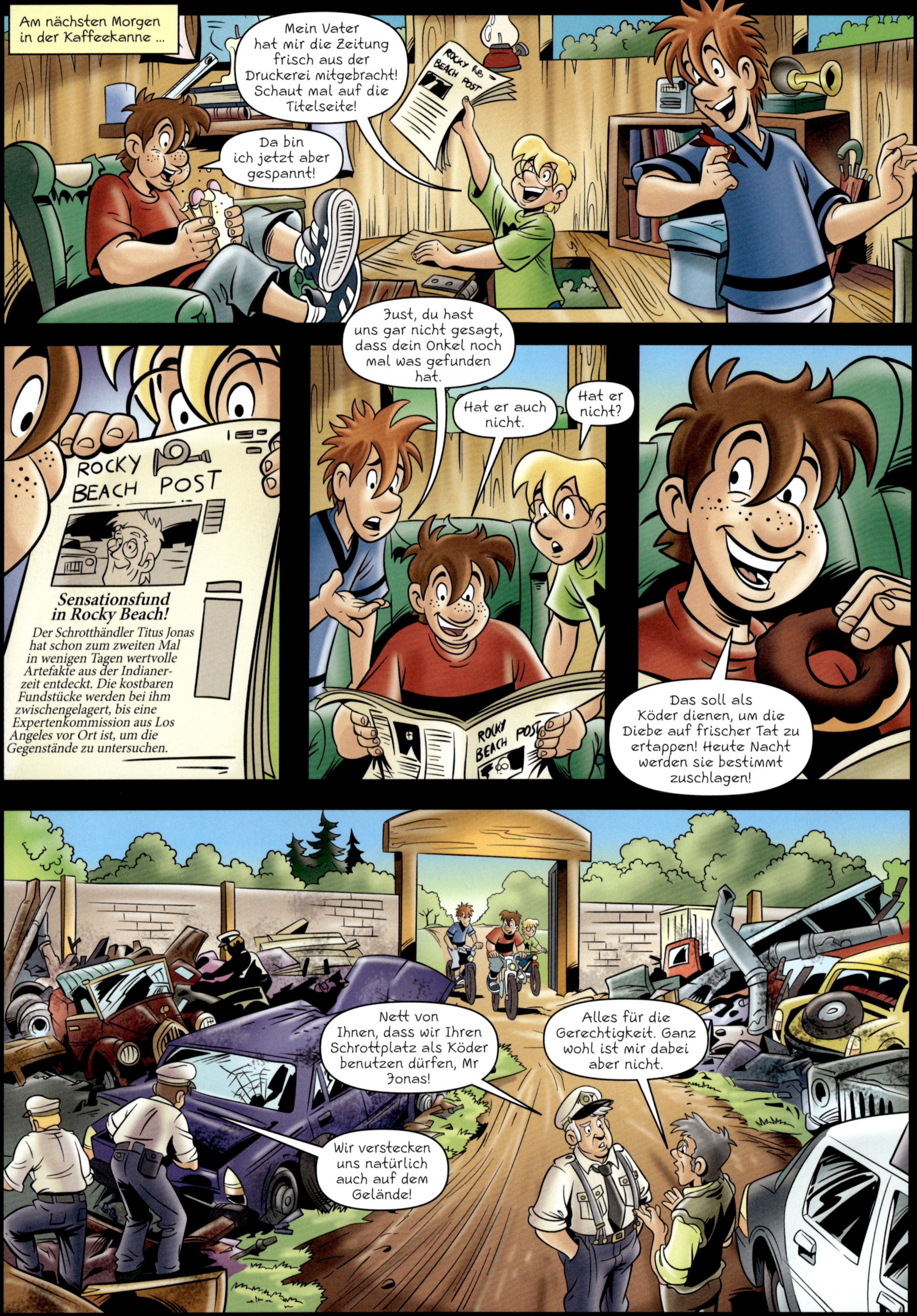
Am nächsten Morgen in der Kaffeekanne ...
Mein Vater hat mir die Zeitung frisch aus der Druckerei mitgebracht! Schaut mal auf die Titelseite!
Da bin ich jetzt aber gespannt!
ROCKY BEACH POST
Sensationsfund in Rocky Beach!
Der Schrotthändler Titus Jonas hat schon zum zweiten Mal in wenigen Tagen wertvolle Artefakte aus der Indianerzeit entdeckt. Die kostbaren Fundstücke werden bei ihm zwischengelagert, bis eine Expertenkommission aus Los Angeles vor Ort ist, um die Gegenstände zu untersuchen.
Just, du hast uns gar nicht gesagt, dass dein Onkel noch mal was gefunden hat.
Hat er auch nicht.
Hat er nicht?
Das soll als Köder dienen, um die Diebe auf frischer Tat zu ertappen! Heute Nacht werden sie bestimmt zuschlagen!
Nett von Ihnen, dass wir Ihren Schrottplatz als Köder benutzen dürfen, Mr Jonas!
Alles für die Gerechtigkeit. Ganz wohl ist mir dabei aber nicht.
Wir verstecken uns natürlich auch auf dem Gelände!

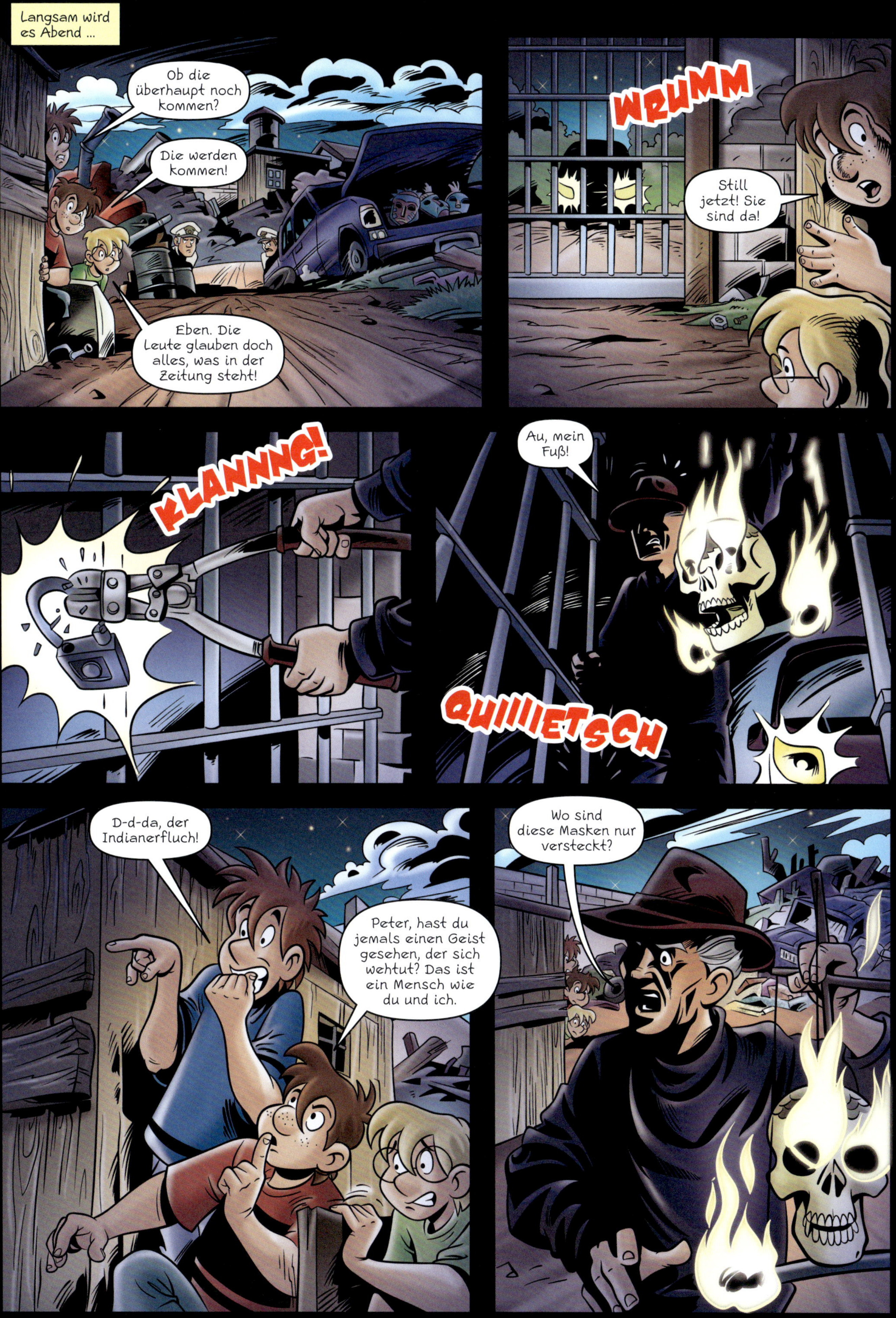

Langsam wird es Abend ...
Ob die überhaupt noch kommen?
Die werden kommen!
Eben. Die Leute glauben doch alles, was in der Zeitung steht!
WRUMM
Still jetzt! Sie sind da!
KLANNNG!
Au, mein Fuß!
QUIIIIETSCH
D-d-da, der Indianerfluch!
Peter, hast du jemals einen Geist gesehen, der sich wehtut? Das ist ein Mensch wie du und ich.
Wo sind diese Masken nur versteckt?

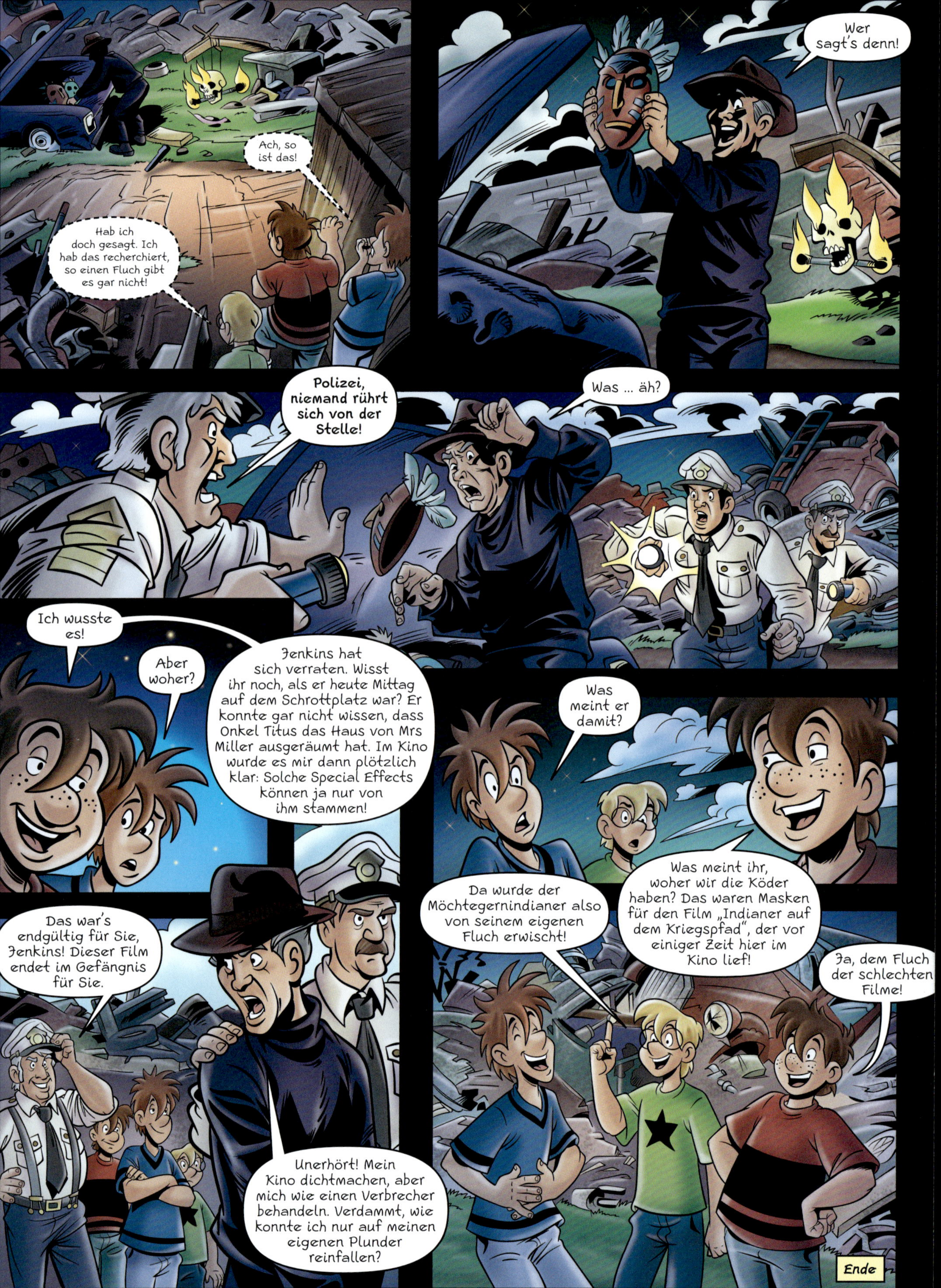
Ach, so ist das!
Hab ich doch gesagt. Ich hab das recherchiert, so einen Fluch gibt es gar nicht!
Wer sagt's denn!
Polizei, niemand rührt sich von der Stelle!
Was ... äh?
Ich wusste es!
Aber woher?
Jenkins hat sich verraten. Wisst ihr noch, als er heute Mittag auf dem Schrottplatz war? Er konnte gar nicht wissen, dass Onkel Titus das Haus von Mrs Miller ausgeräumt hat. Im Kino wurde es mir dann plötzlich klar: Solche Special Effects können ja nur von ihm stammen!
Was meint er damit?
Was meint ihr, woher wir die Köder haben? Das waren Masken für den Film „Indianer auf dem Kriegspfad", der vor einiger Zeit hier im Kino lief!
Das war's endgültig für Sie, Jenkins! Dieser Film endet im Gefängnis für Sie.
Unerhört! Mein Kino dichtmachen, aber mich wie einen Verbrecher behandeln. Verdammt, wie konnte ich nur auf meinen eigenen Plunder reinfallen?
Da wurde der Möchtegernindianer also von seinem eigenen Fluch erwischt!
Ja, dem Fluch der schlechten Filme!
Ende

Das Seemannsgrab

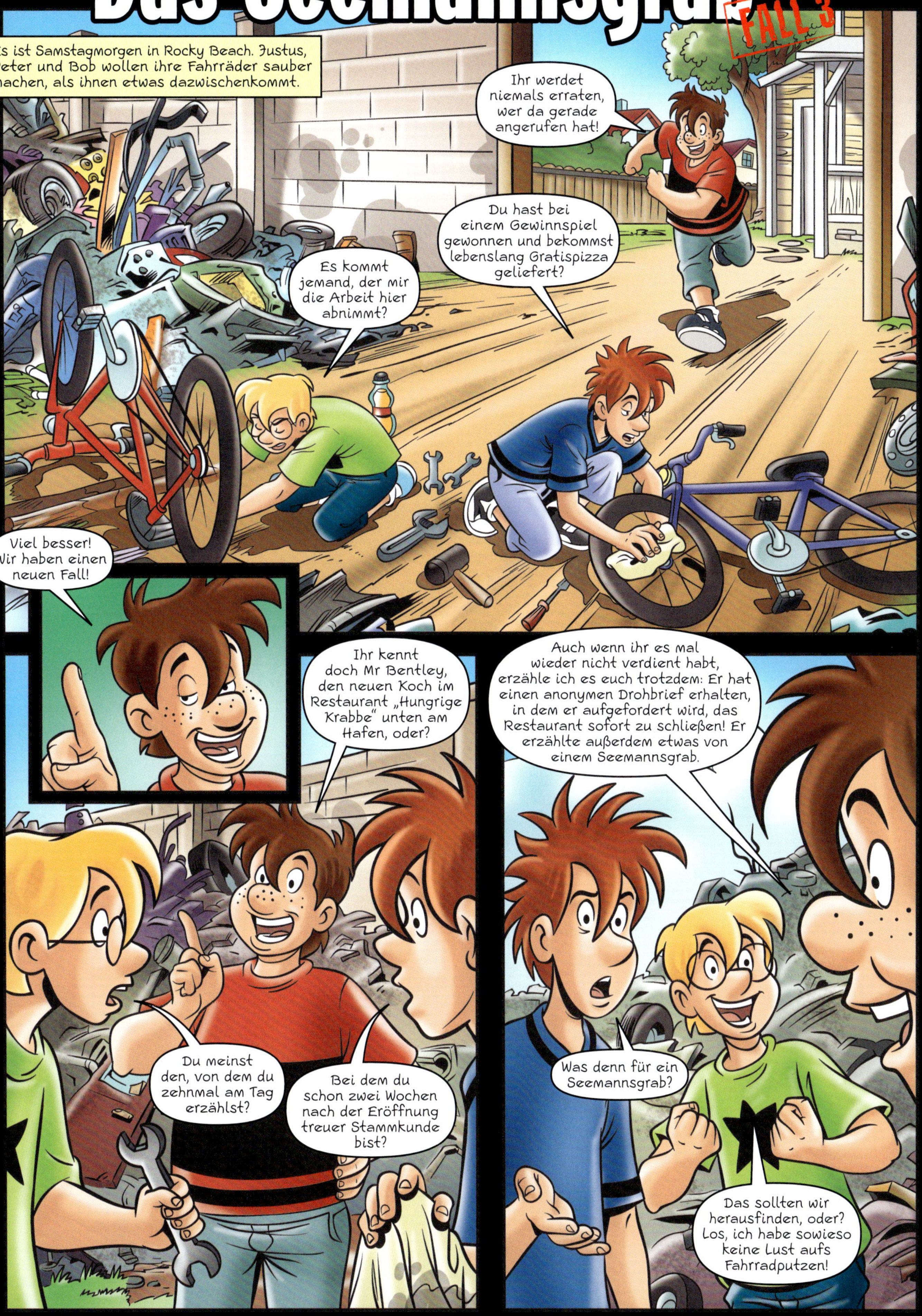

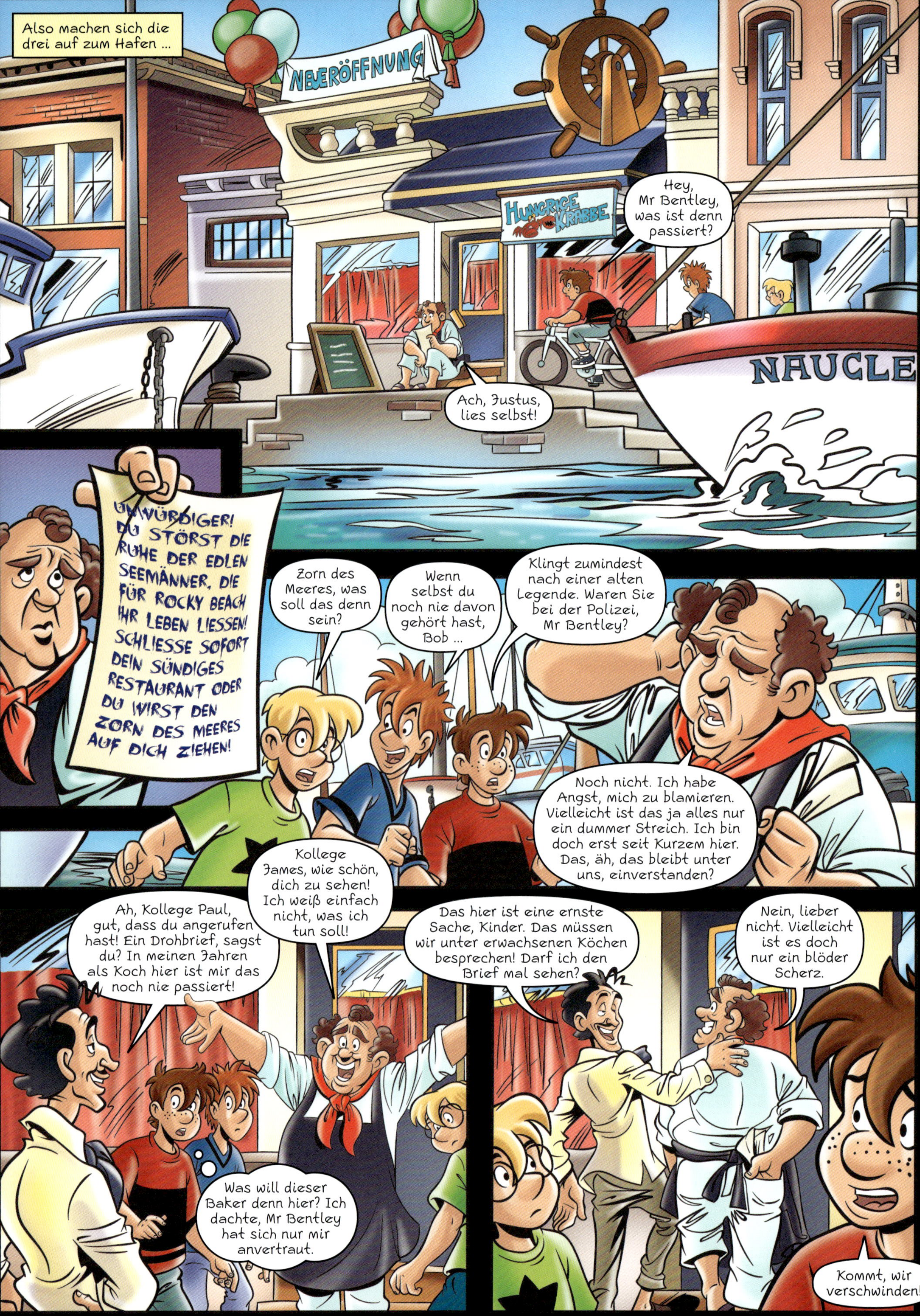

Also machen sich die drei auf zum Hafen ...
NEUERÖFFNUNG
HUNGRIGE KRABBE
Hey, Mr Bentley, was ist denn passiert?
Ach, Justus, lies selbst!
NAUCLE
UNWÜRDIGER! DU STÖRST DIE RUHE DER EDLEN SEEMÄNNER, DIE FÜR ROCKY BEACH IHR LEBEN LIESSEN! SCHLIESSE SOFORT DEIN SÜNDIGES RESTAURANT ODER DU WIRST DEN ZORN DES MEERES AUF DICH ZIEHEN!
Zorn des Meeres, was soll das denn sein?
Wenn selbst du noch nie davon gehört hast, Bob ...
Klingt zumindest nach einer alten Legende. Waren Sie bei der Polizei, Mr Bentley?
Noch nicht. Ich habe Angst, mich zu blamieren. Vielleicht ist das ja alles nur ein dummer Streich. Ich bin doch erst seit Kurzem hier. Das, äh, das bleibt unter uns, einverstanden?
Ah, Kollege Paul, gut, dass du angerufen hast! Ein Drohbrief, sagst du? In meinen Jahren als Koch hier ist mir das noch nie passiert!
Kollege James, wie schön, dich zu sehen! Ich weiß einfach nicht, was ich tun soll!
Was will dieser Baker denn hier? Ich dachte, Mr Bentley hat sich nur mir anvertraut.
Das hier ist eine ernste Sache, Kinder. Das müssen wir unter erwachsenen Köchen besprechen! Darf ich den Brief mal sehen?
Nein, lieber nicht. Vielleicht ist es doch nur ein blöder Scherz.
Kommt, wir verschwinden!

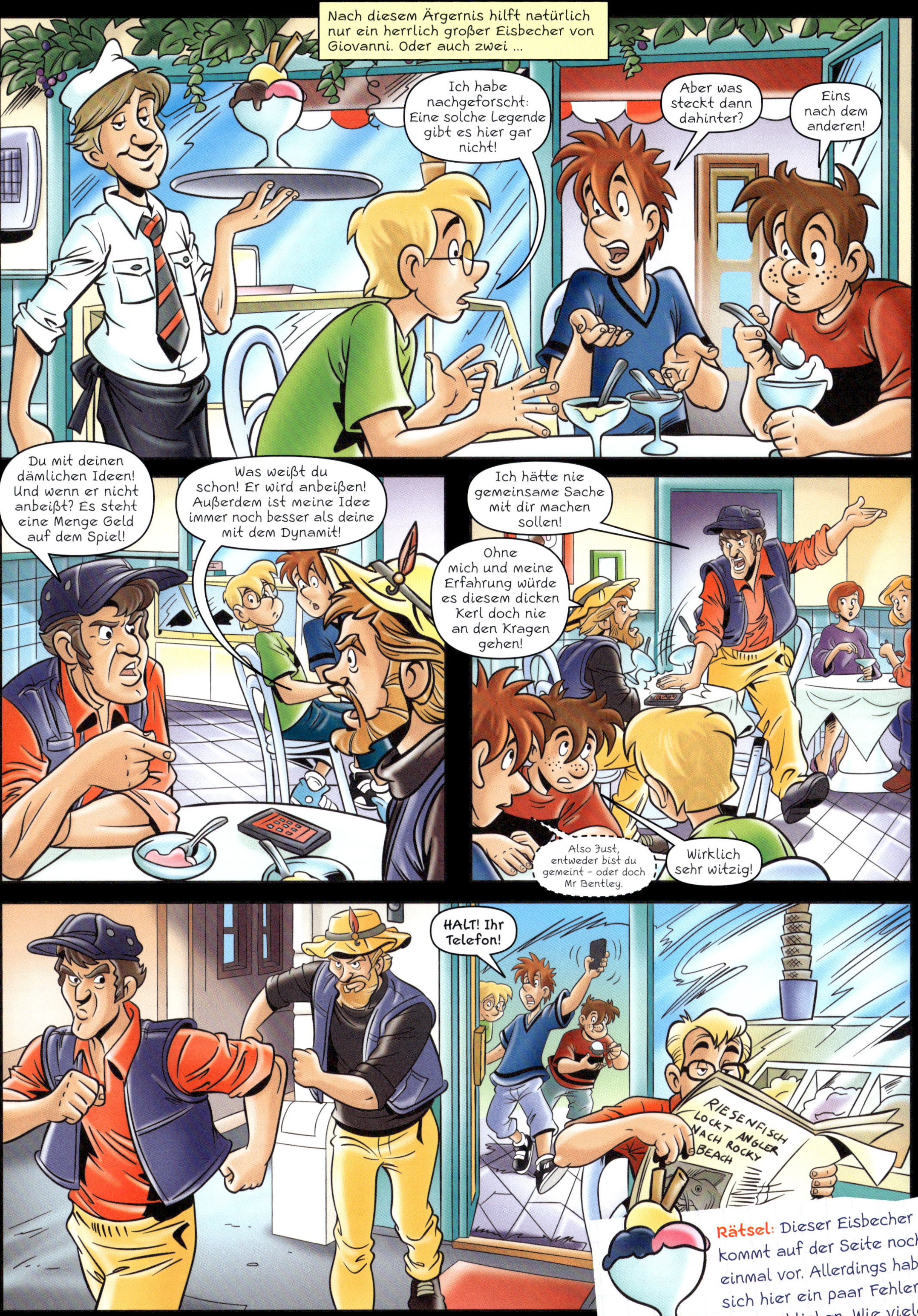

Rätsel: Dieser Eisbecher kommt auf der Seite noch einmal vor. Allerdings haben sich hier ein paar Fehler eingeschlichen. Wie viele?

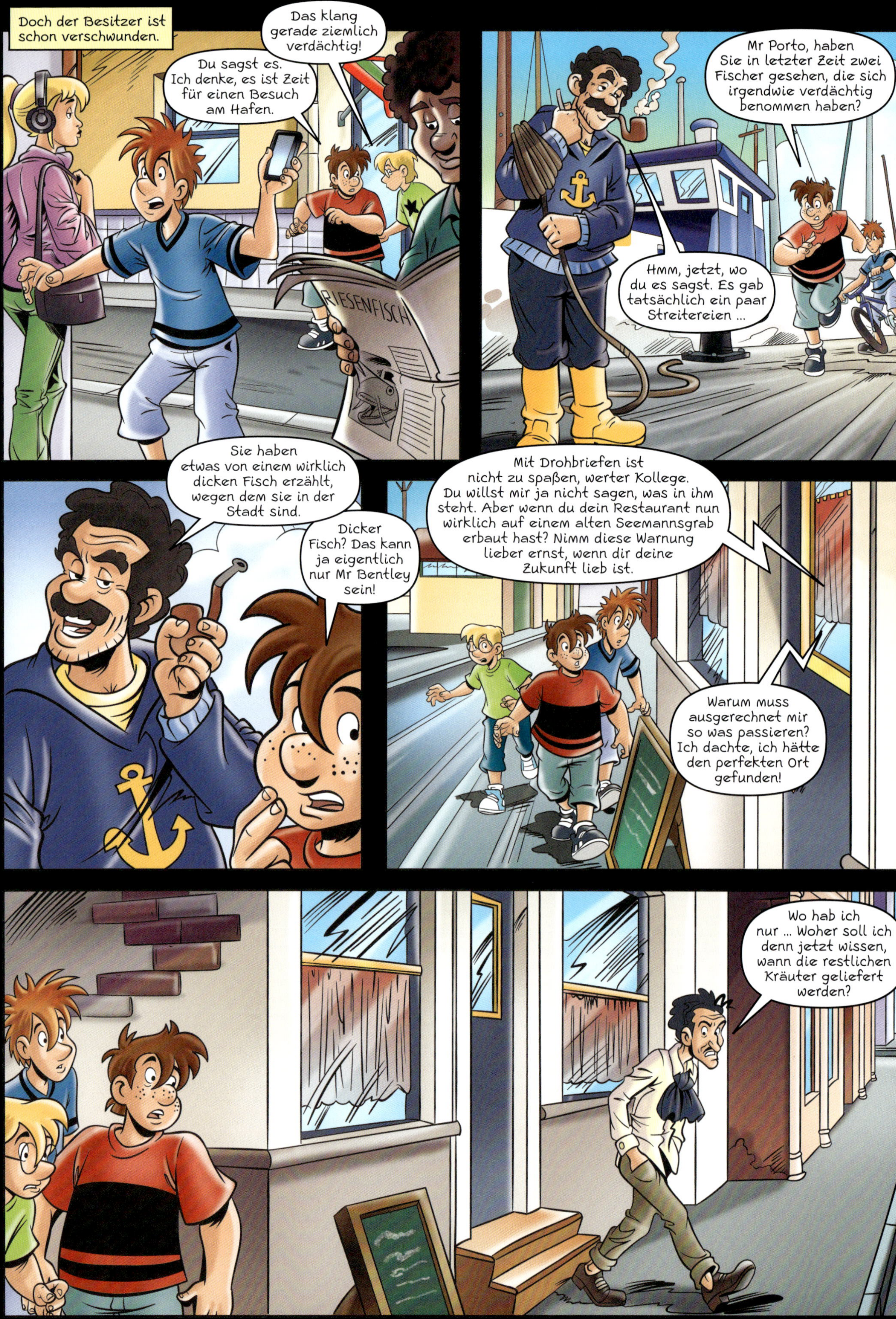

Doch der Besitzer ist schon verschwunden.
Du sagst es. Ich denke, es ist Zeit für einen Besuch am Hafen.
Das klang gerade ziemlich verdächtig!
RIESENFISCH
Mr Porto, haben Sie in letzter Zeit zwei Fischer gesehen, die sich irgendwie verdächtig benommen haben?
Hmm, jetzt, wo du es sagst. Es gab tatsächlich ein paar Streitereien ...
Sie haben etwas von einem wirklich dicken Fisch erzählt, wegen dem sie in der Stadt sind.
Dicker Fisch? Das kann ja eigentlich nur Mr Bentley sein!
Mit Drohbriefen ist nicht zu spaßen, werter Kollege. Du willst mir ja nicht sagen, was in ihm steht. Aber wenn du dein Restaurant nun wirklich auf einem alten Seemannsgrab erbaut hast? Nimm diese Warnung lieber ernst, wenn dir deine Zukunft lieb ist.
Warum muss ausgerechnet mir so was passieren? Ich dachte, ich hätte den perfekten Ort gefunden!
Wo hab ich nur ... Woher soll ich denn jetzt wissen, wann die restlichen Kräuter geliefert werden?

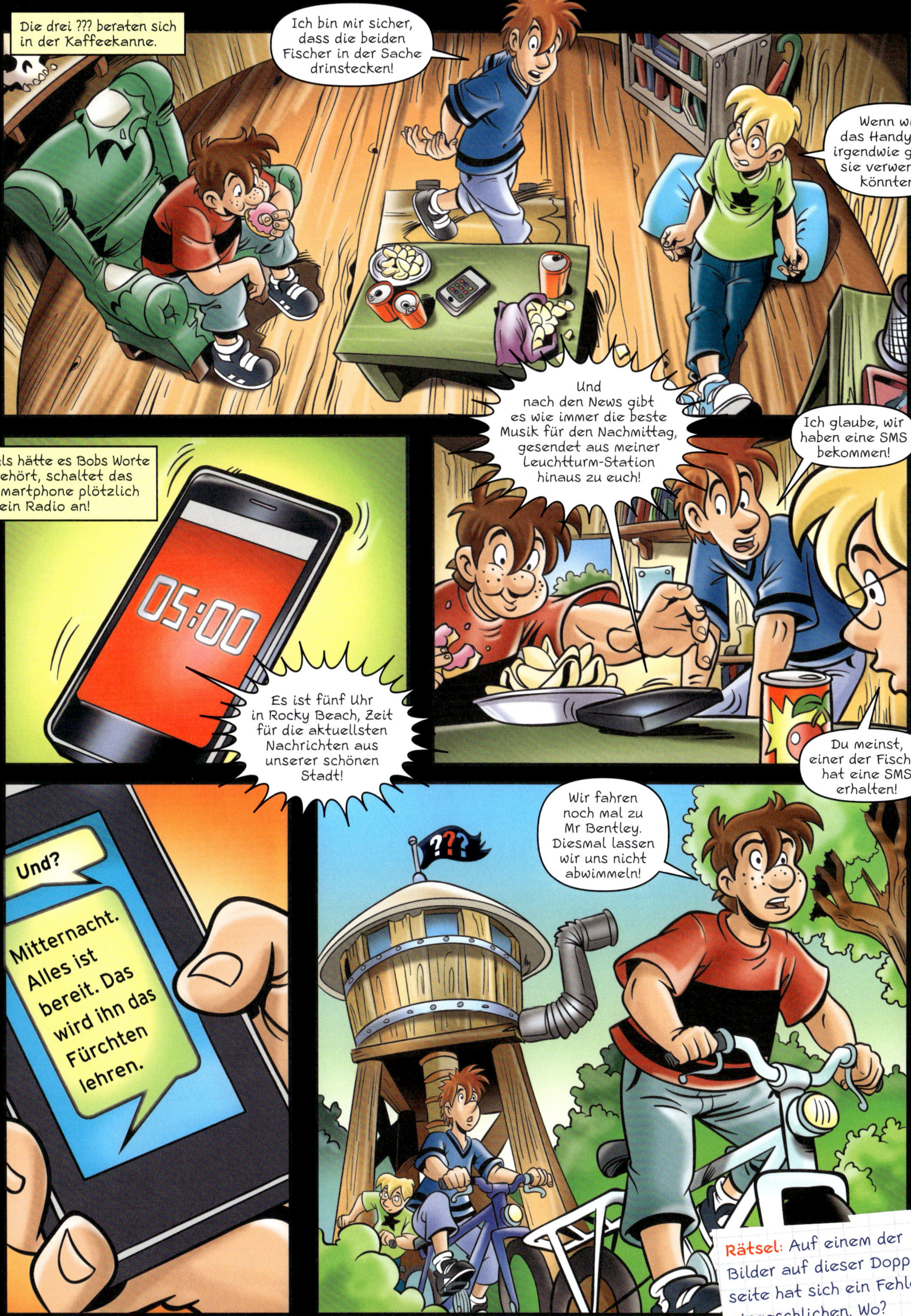

Rätsel: Auf einem der Bilder auf dieser Doppelseite hat sich ein Fehler eingeschlichen. Wo?

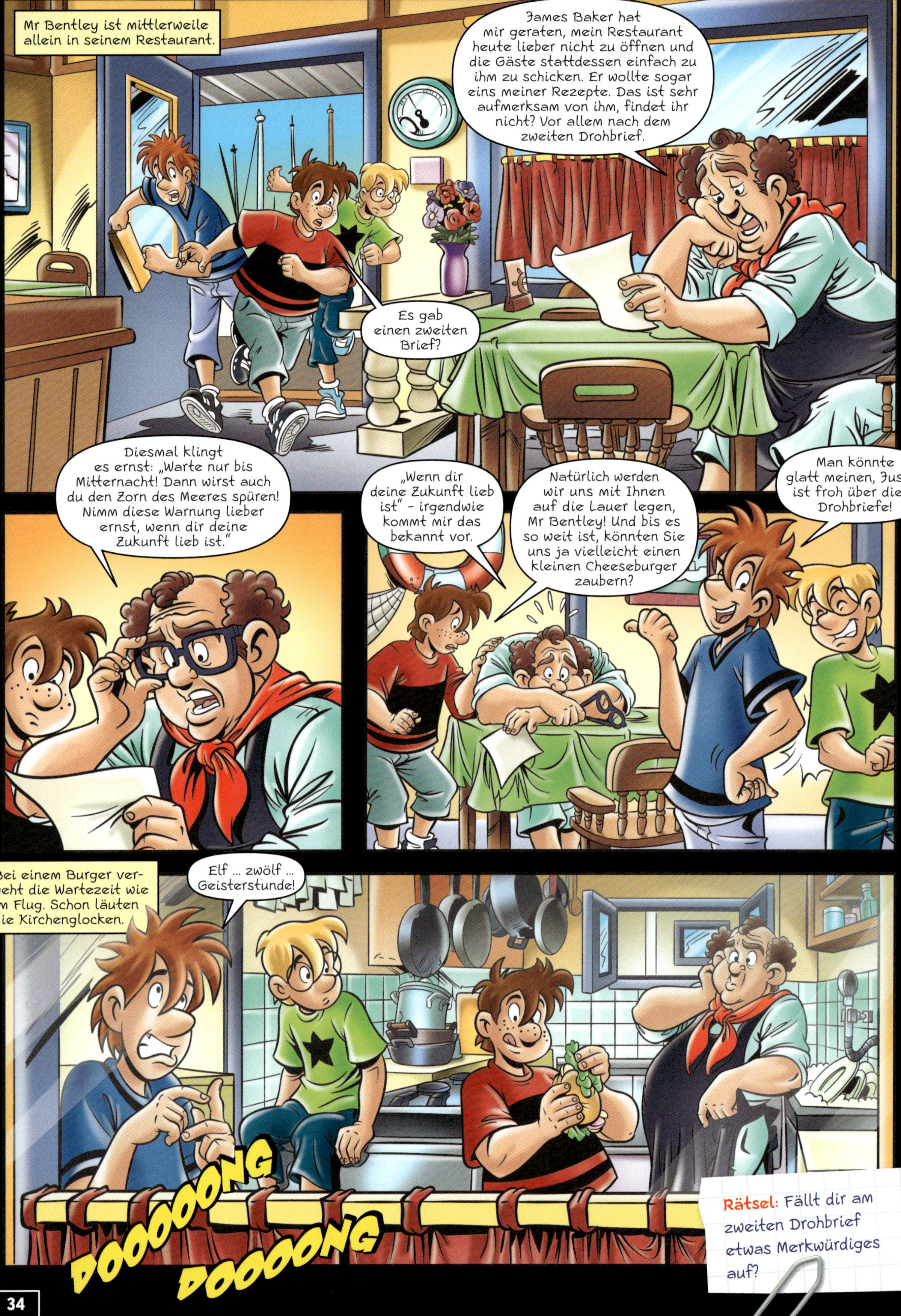
Mr Bentley ist mittlerweile allein in seinem Restaurant.
James Baker hat mir geraten, mein Restaurant heute lieber nicht zu öffnen und die Gäste stattdessen einfach zu ihm zu schicken. Er wollte sogar eins meiner Rezepte. Das ist sehr aufmerksam von ihm, findet ihr nicht? Vor allem nach dem zweiten Drohbrief.
Es gab einen zweiten Brief?
Diesmal klingt es ernst: „Warte nur bis Mitternacht! Dann wirst auch du den Zorn des Meeres spüren! Nimm diese Warnung lieber ernst, wenn dir deine Zukunft lieb ist."
„Wenn dir deine Zukunft lieb ist" – irgendwie kommt mir das bekannt vor.
Natürlich werden wir uns mit Ihnen auf die Lauer legen, Mr Bentley! Und bis es so weit ist, könnten Sie uns ja vielleicht einen kleinen Cheeseburger zaubern?
Man könnte glatt meinen, Justus ist froh über diese Drohbriefe!
Bei einem Burger vergeht die Wartezeit wie im Flug. Schon läuten die Kirchenglocken.
Elf … zwölf … Geisterstunde!
DOOOOONG
DOOOONG
Rätsel: Fällt dir am zweiten Drohbrief etwas Merkwürdiges auf?

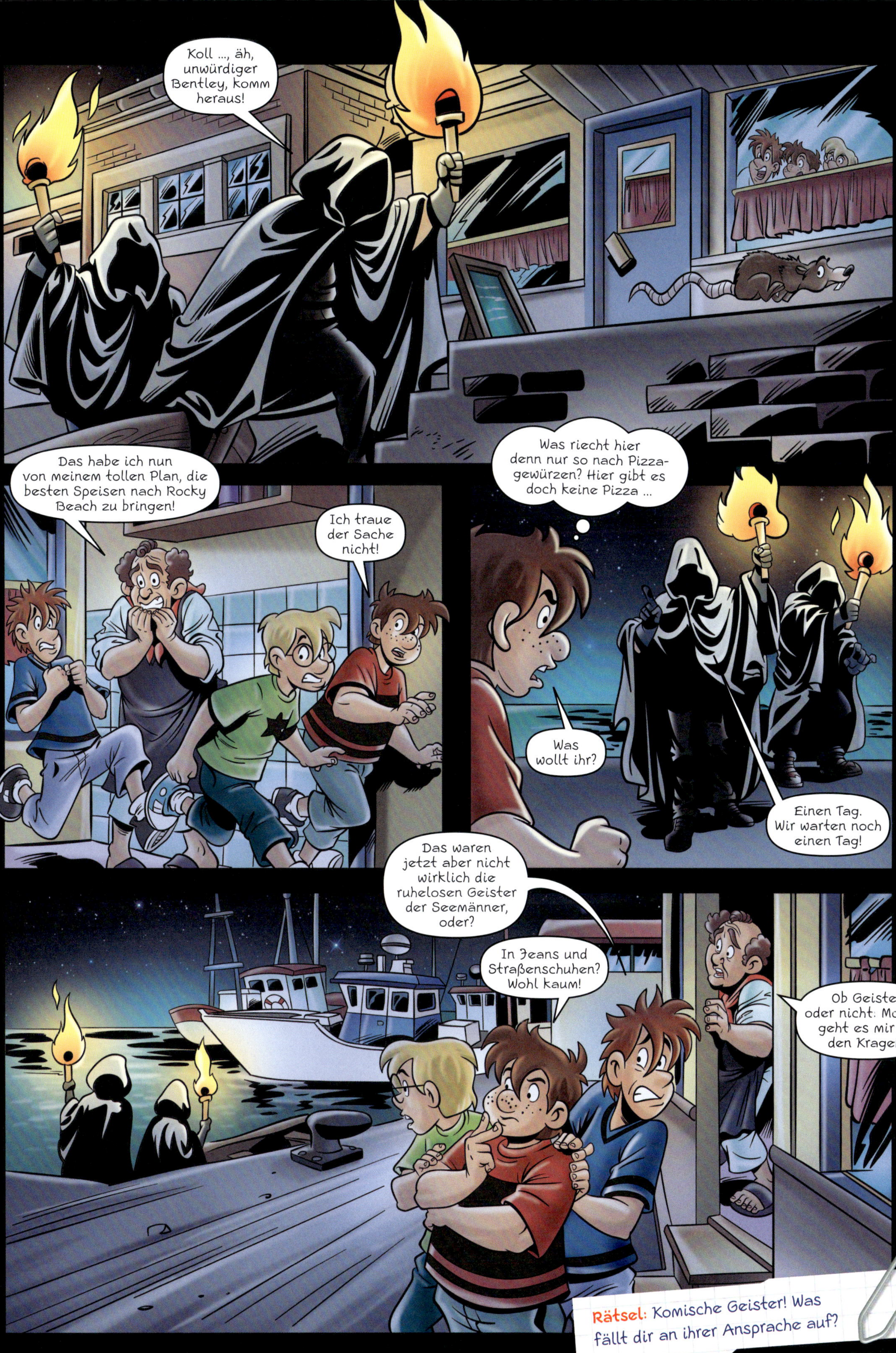

Rätsel: Komische Geister! Was fällt dir an ihrer Ansprache auf?

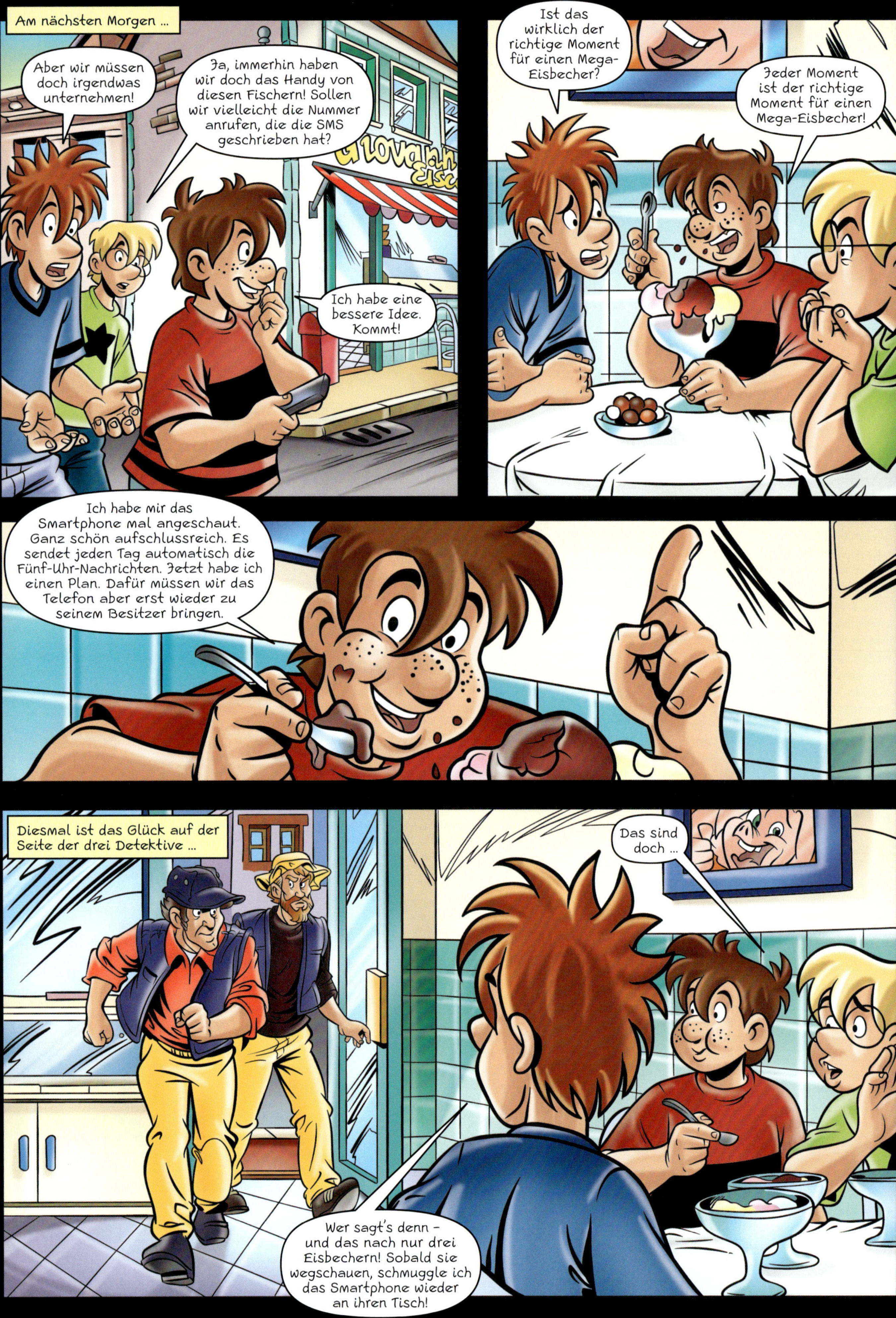

Am nächsten Morgen ...
Aber wir müssen doch irgendwas unternehmen!
Ja, immerhin haben wir doch das Handy von diesen Fischern! Sollen wir vielleicht die Nummer anrufen, die die SMS geschrieben hat?
Ich habe eine bessere Idee. Kommt!
Ist das wirklich der richtige Moment für einen Mega-Eisbecher?
Jeder Moment ist der richtige Moment für einen Mega-Eisbecher!
Ich habe mir das Smartphone mal angeschaut. Ganz schön aufschlussreich. Es sendet jeden Tag automatisch die Fünf-Uhr-Nachrichten. Jetzt habe ich einen Plan. Dafür müssen wir das Telefon aber erst wieder zu seinem Besitzer bringen.
Diesmal ist das Glück auf der Seite der drei Detektive ...
Das sind doch ...
Wer sagt's denn – und das nach nur drei Eisbechern! Sobald sie wegschauen, schmuggle ich das Smartphone wieder an ihren Tisch!

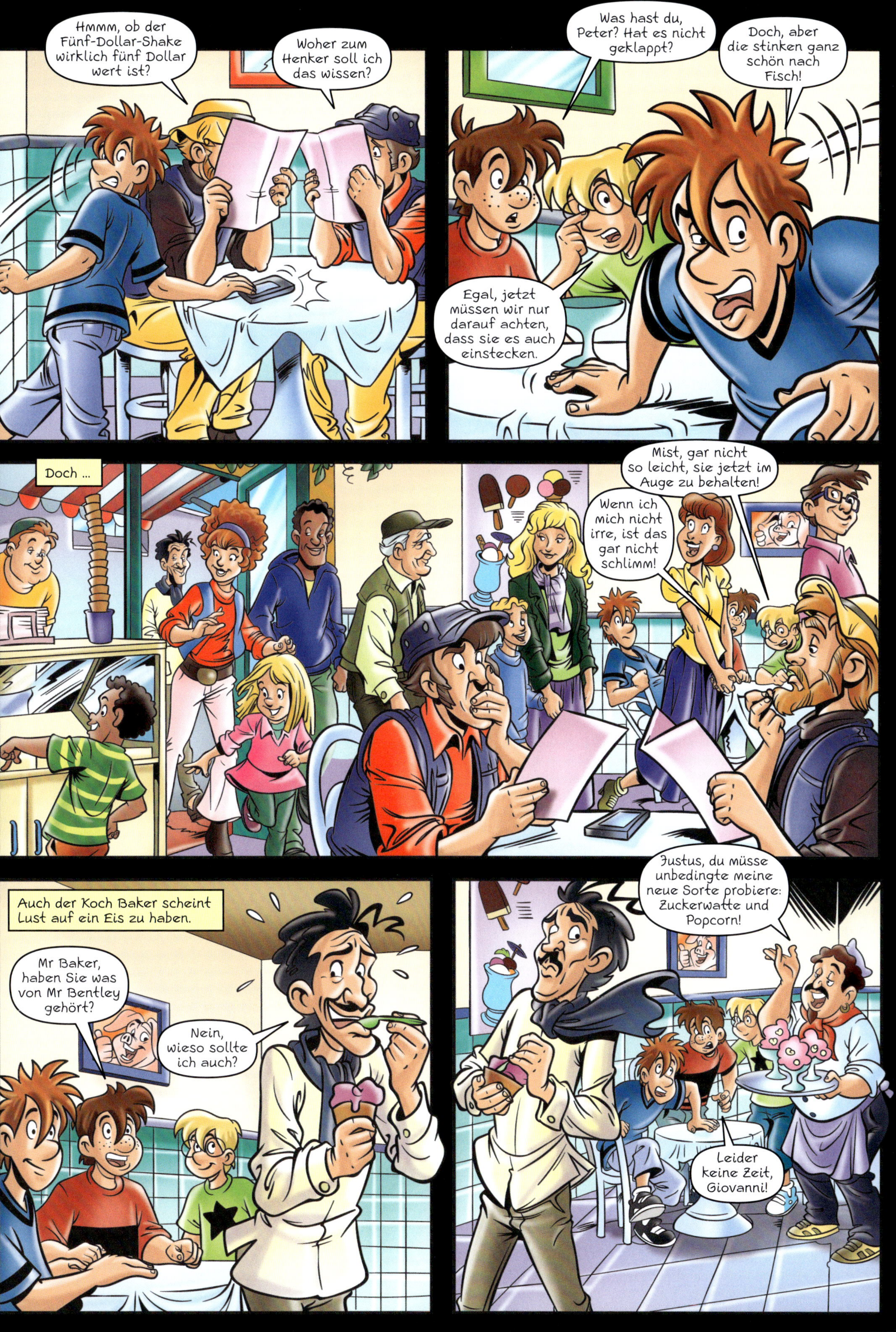
Hmmm, ob der Fünf-Dollar-Shake wirklich fünf Dollar wert ist?
Woher zum Henker soll ich das wissen?
Was hast du, Peter? Hat es nicht geklappt?
Doch, aber die stinken ganz schön nach Fisch!
Egal, jetzt müssen wir nur darauf achten, dass sie es auch einstecken.
Doch ...
Mist, gar nicht so leicht, sie jetzt im Auge zu behalten!
Wenn ich mich nicht irre, ist das gar nicht schlimm!
Auch der Koch Baker scheint Lust auf ein Eis zu haben.
Mr Baker, haben Sie was von Mr Bentley gehört?
Nein, wieso sollte ich auch?
Justus, du müsse unbedingte meine neue Sorte probiere: Zuckerwatte und Popcorn!
Leider keine Zeit, Giovanni!

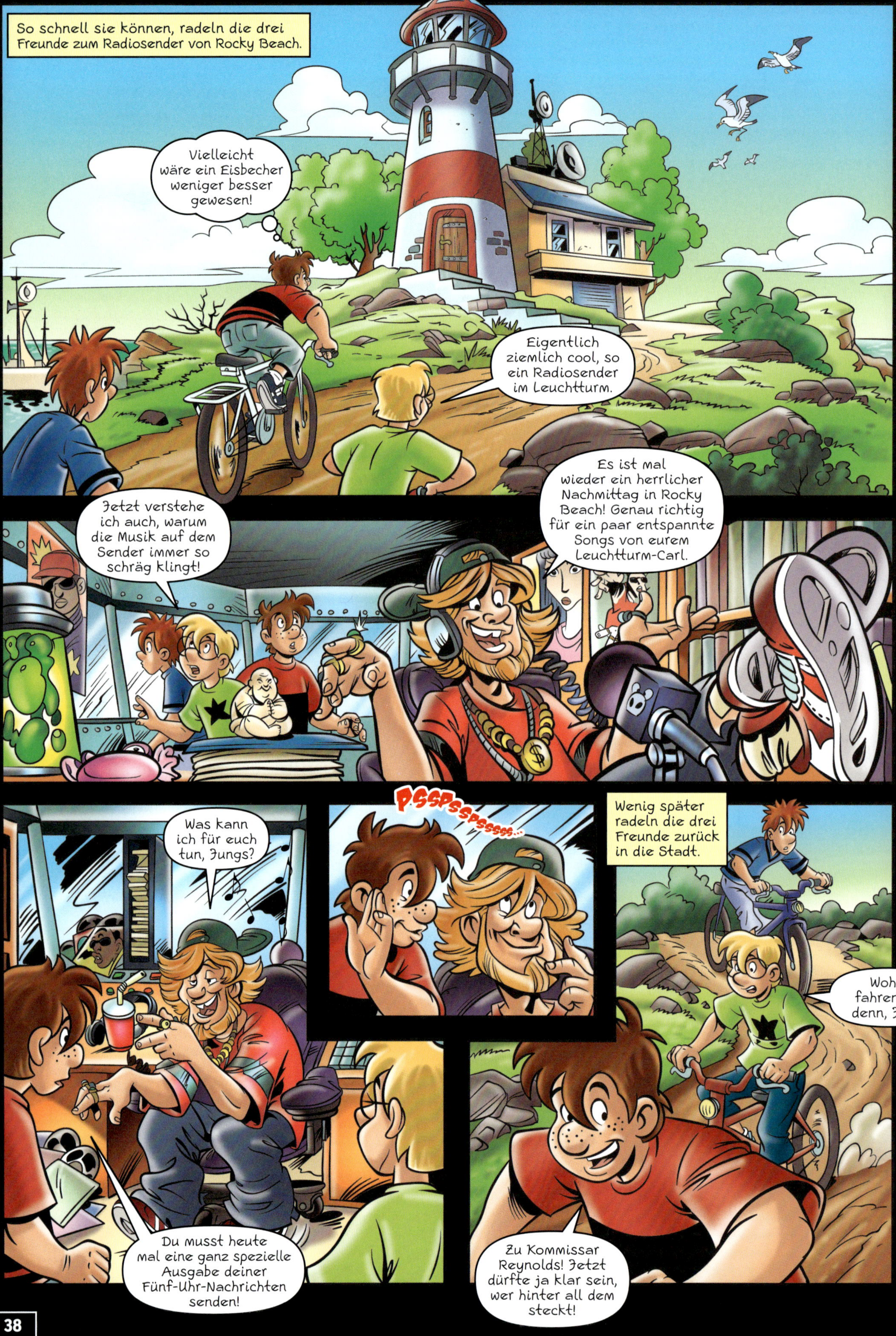

So schnell sie können, radeln die drei Freunde zum Radiosender von Rocky Beach.
Vielleicht wäre ein Eisbecher weniger besser gewesen!
Eigentlich ziemlich cool, so ein Radiosender im Leuchtturm.
Jetzt verstehe ich auch, warum die Musik auf dem Sender immer so schräg klingt!
Es ist mal wieder ein herrlicher Nachmittag in Rocky Beach! Genau richtig für ein paar entspannte Songs von eurem Leuchtturm-Carl.
Was kann ich für euch tun, Jungs?
Du musst heute mal eine ganz spezielle Ausgabe deiner Fünf-Uhr-Nachrichten senden!
PSSPSSPSSSSS...
Wenig später radeln die drei Freunde zurück in die Stadt.
Wohin fahren wir denn, Just?
Zu Kommissar Reynolds! Jetzt dürfte ja klar sein, wer hinter all dem steckt!

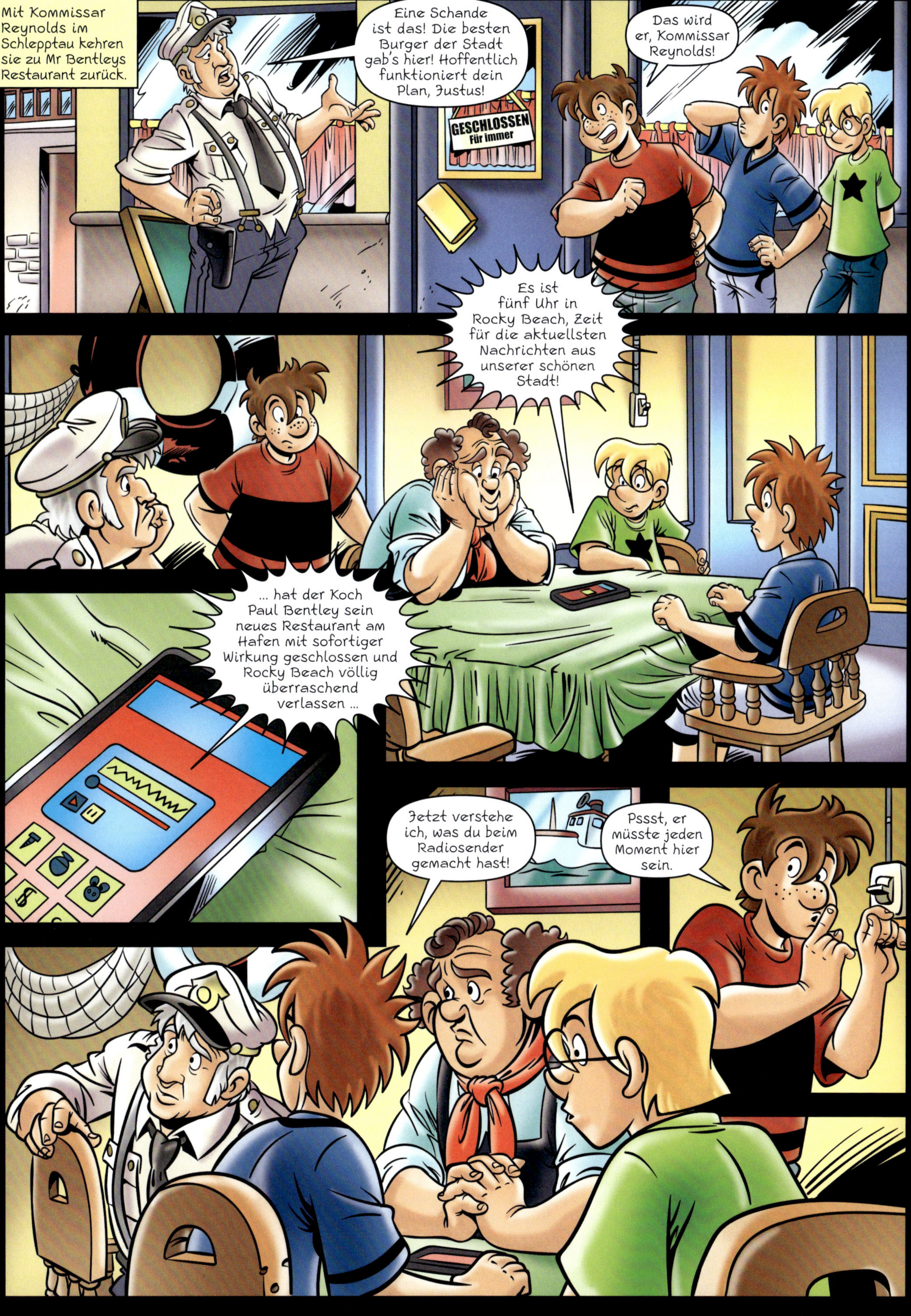
Mit Kommissar Reynolds im Schlepptau kehren sie zu Mr Bentleys Restaurant zurück.
Eine Schande ist das! Die besten Burger der Stadt gab's hier! Hoffentlich funktioniert dein Plan, Justus!
GESCHLOSSEN Für immer
Das wird er, Kommissar Reynolds!
Es ist fünf Uhr in Rocky Beach, Zeit für die aktuellsten Nachrichten aus unserer schönen Stadt!
... hat der Koch Paul Bentley sein neues Restaurant am Hafen mit sofortiger Wirkung geschlossen und Rocky Beach völlig überraschend verlassen ...
Jetzt verstehe ich, was du beim Radiosender gemacht hast!
Pssst, er müsste jeden Moment hier sein.

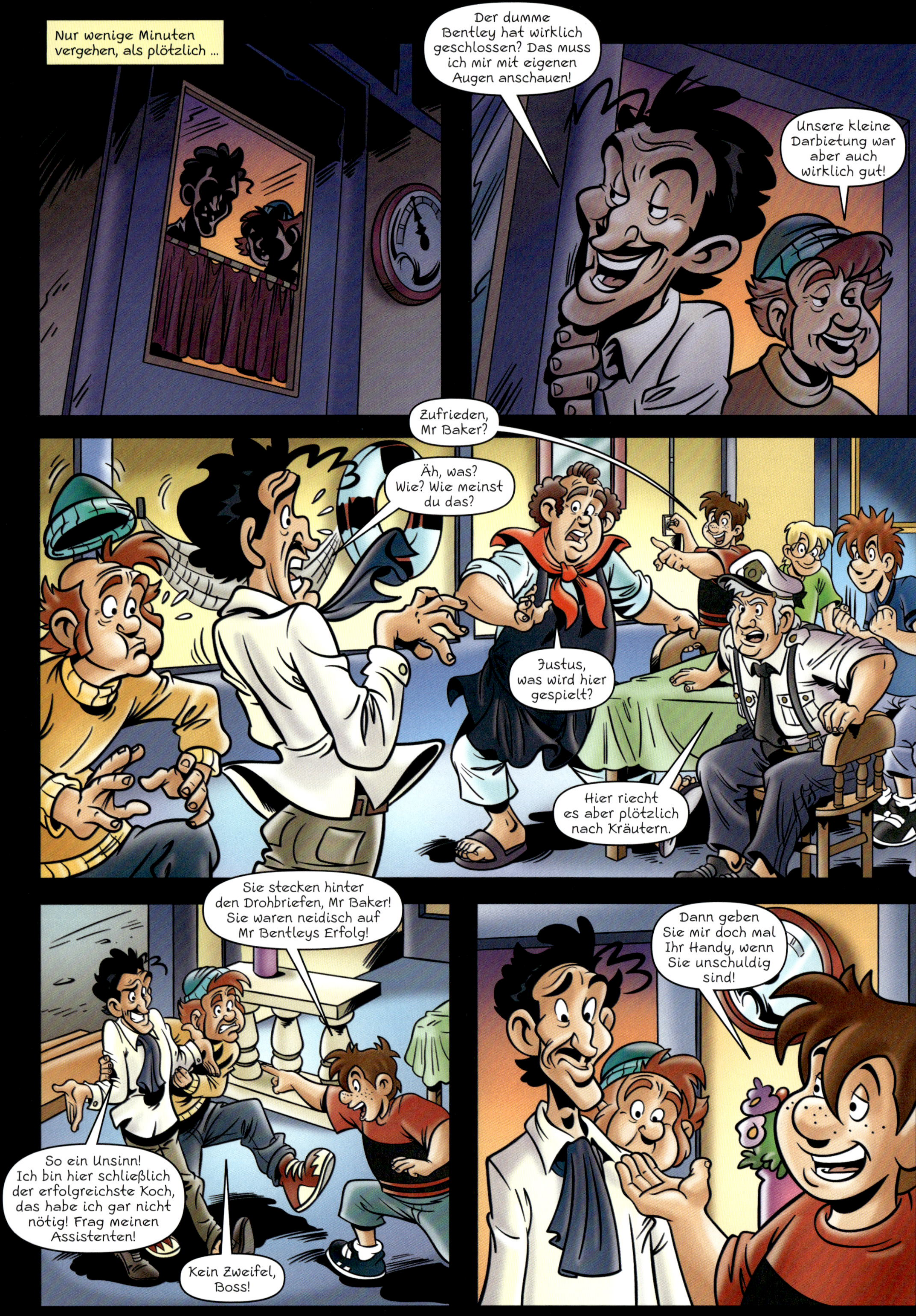
Nur wenige Minuten vergehen, als plötzlich ...
Der dumme Bentley hat wirklich geschlossen? Das muss ich mir mit eigenen Augen anschauen!
Unsere kleine Darbietung war aber auch wirklich gut!
Zufrieden, Mr Baker?
Äh, was? Wie? Wie meinst du das?
Justus, was wird hier gespielt?
Hier riecht es aber plötzlich nach Kräutern.
Sie stecken hinter den Drohbriefen, Mr Baker! Sie waren neidisch auf Mr Bentleys Erfolg!
So ein Unsinn! Ich bin hier schließlich der erfolgreichste Koch, das habe ich gar nicht nötig! Frag meinen Assistenten!
Kein Zweifel, Boss!
Dann geben Sie mir doch mal Ihr Handy, wenn Sie unschuldig sind!

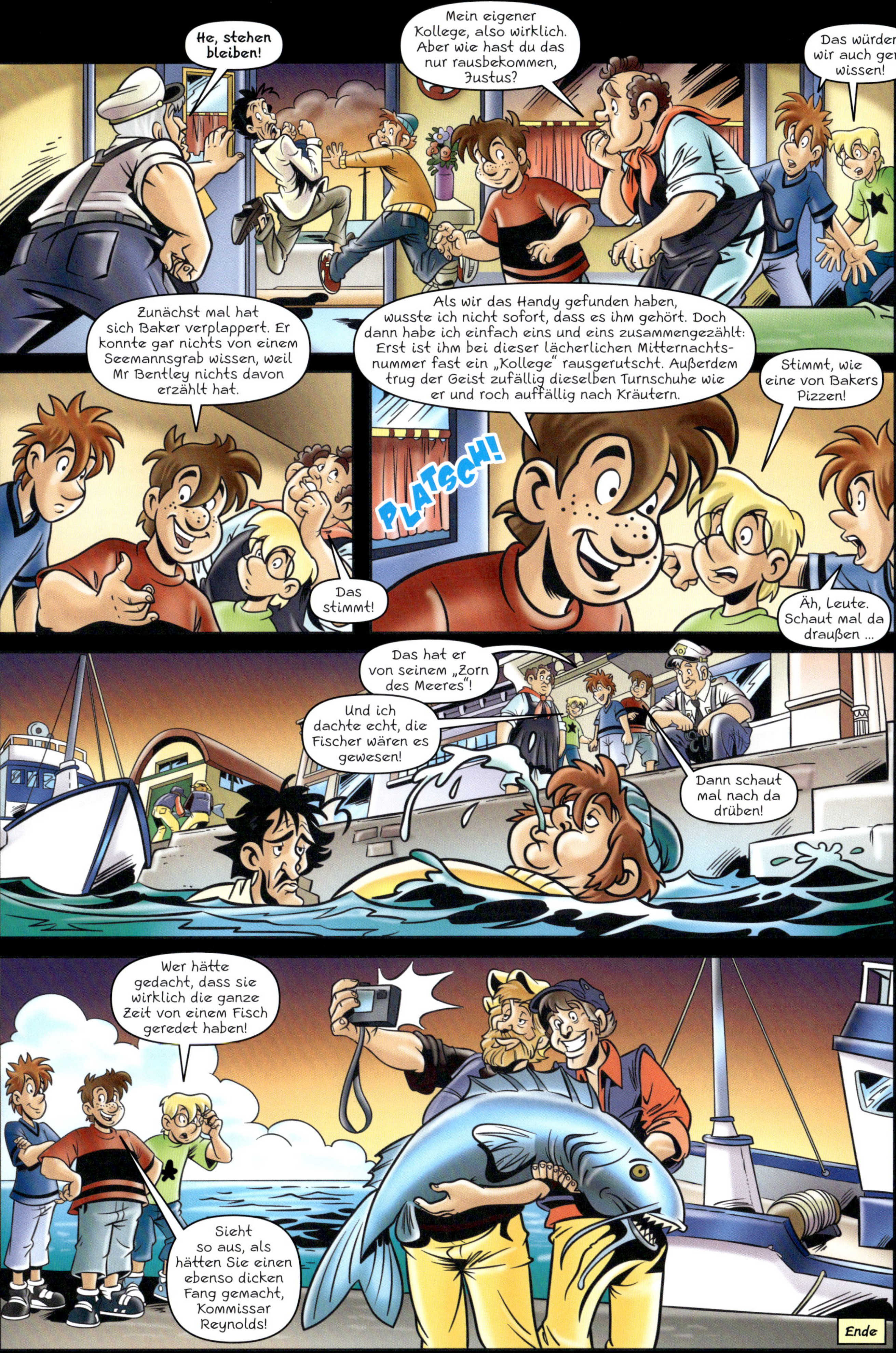
He, stehen bleiben!
Mein eigener Kollege, also wirklich. Aber wie hast du das nur rausbekommen, Justus?
Das würden wir auch gern wissen!
Zunächst mal hat sich Baker verplappert. Er konnte gar nichts von einem Seemannsgrab wissen, weil Mr Bentley nichts davon erzählt hat.
Das stimmt!
Als wir das Handy gefunden haben, wusste ich nicht sofort, dass es ihm gehört. Doch dann habe ich einfach eins und eins zusammengezählt: Erst ist ihm bei dieser lächerlichen Mitternachts-nummer fast ein „Kollege" rausgerutscht. Außerdem trug der Geist zufällig dieselben Turnschuhe wie er und roch auffällig nach Kräutern.
PLATSCH!
Stimmt, wie eine von Bakers Pizzen!
Äh, Leute. Schaut mal da draußen …
Das hat er von seinem „Zorn des Meeres"!
Und ich dachte echt, die Fischer wären es gewesen!
Dann schaut mal nach da drüben!
Wer hätte gedacht, dass sie wirklich die ganze Zeit von einem Fisch geredet haben!
Sieht so aus, als hätten Sie einen ebenso dicken Fang gemacht, Kommissar Reynolds!
Ende

Der Poltergeist von Rocky Beach

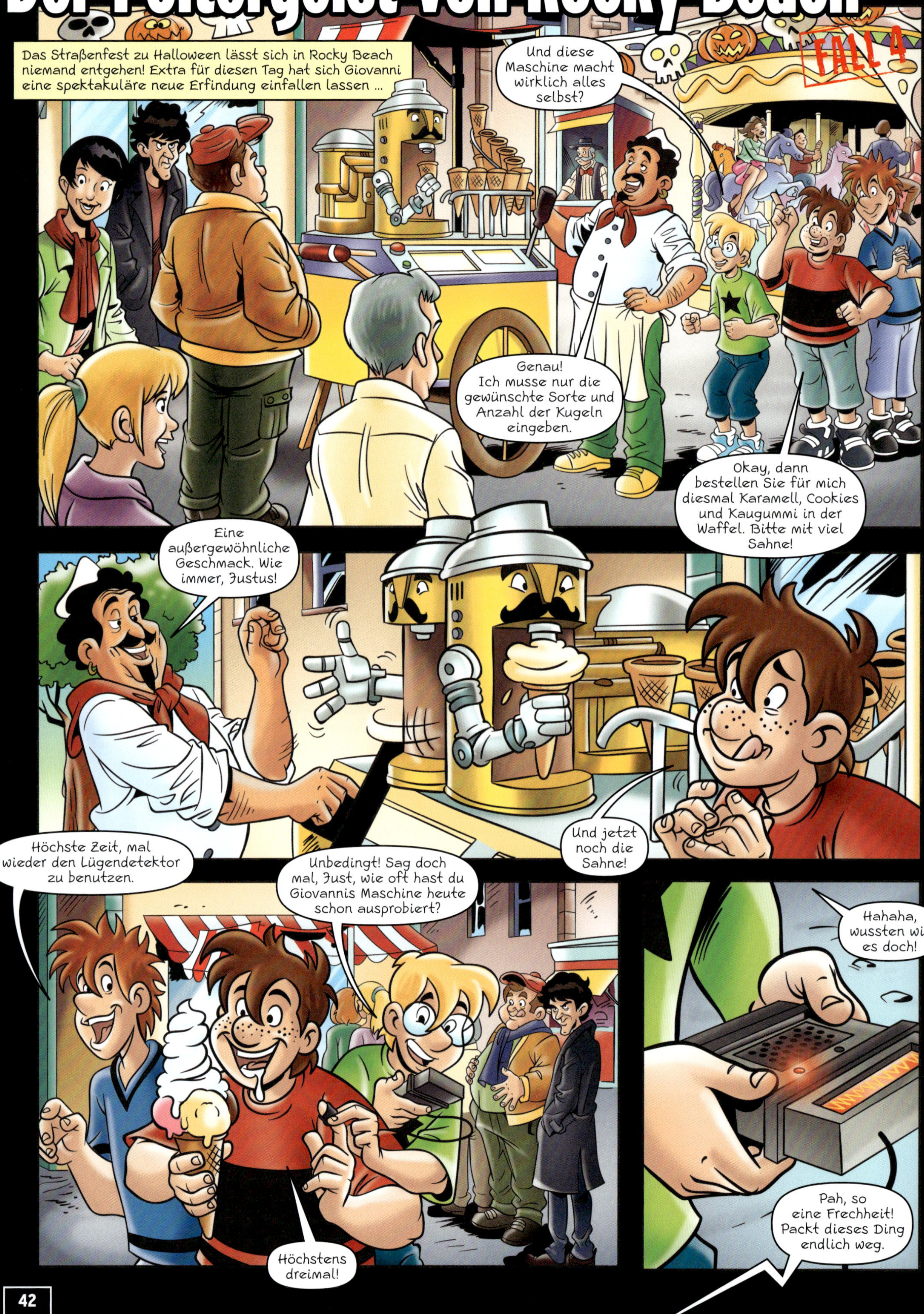

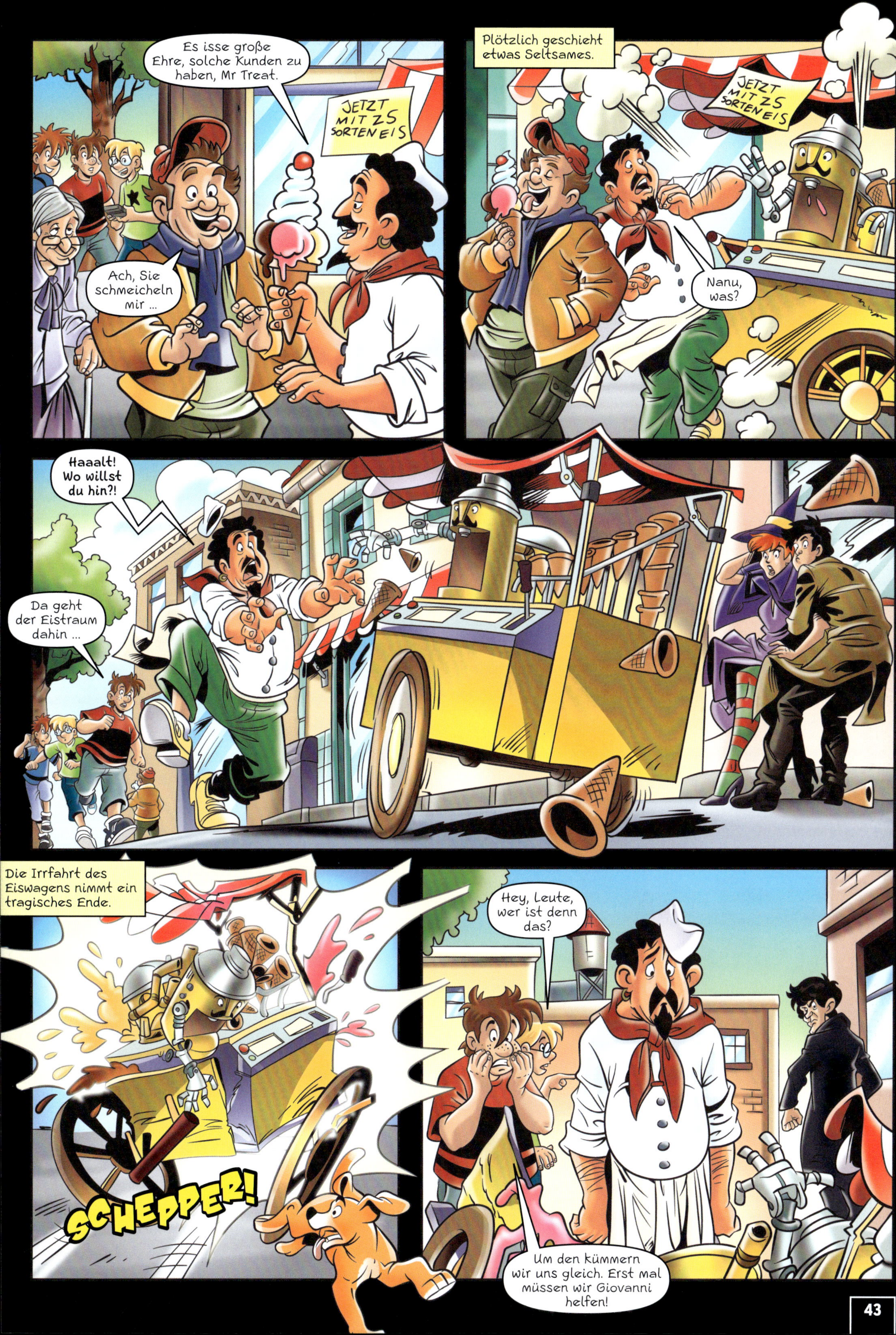

Es isse große Ehre, solche Kunden zu haben, Mr Treat.
JETZT MIT 25 SORTEN EIS
Ach, Sie schmeicheln mir ...
Plötzlich geschieht etwas Seltsames.
JETZT MIT 25 SORTEN EIS
Nanu, was?
Haaalt! Wo willst du hin?!
Da geht der Eistraum dahin ...
Die Irrfahrt des Eiswagens nimmt ein tragisches Ende.
SCHEPPER!
Hey, Leute, wer ist denn das?
Um den kümmern wir uns gleich. Erst mal müssen wir Giovanni helfen!

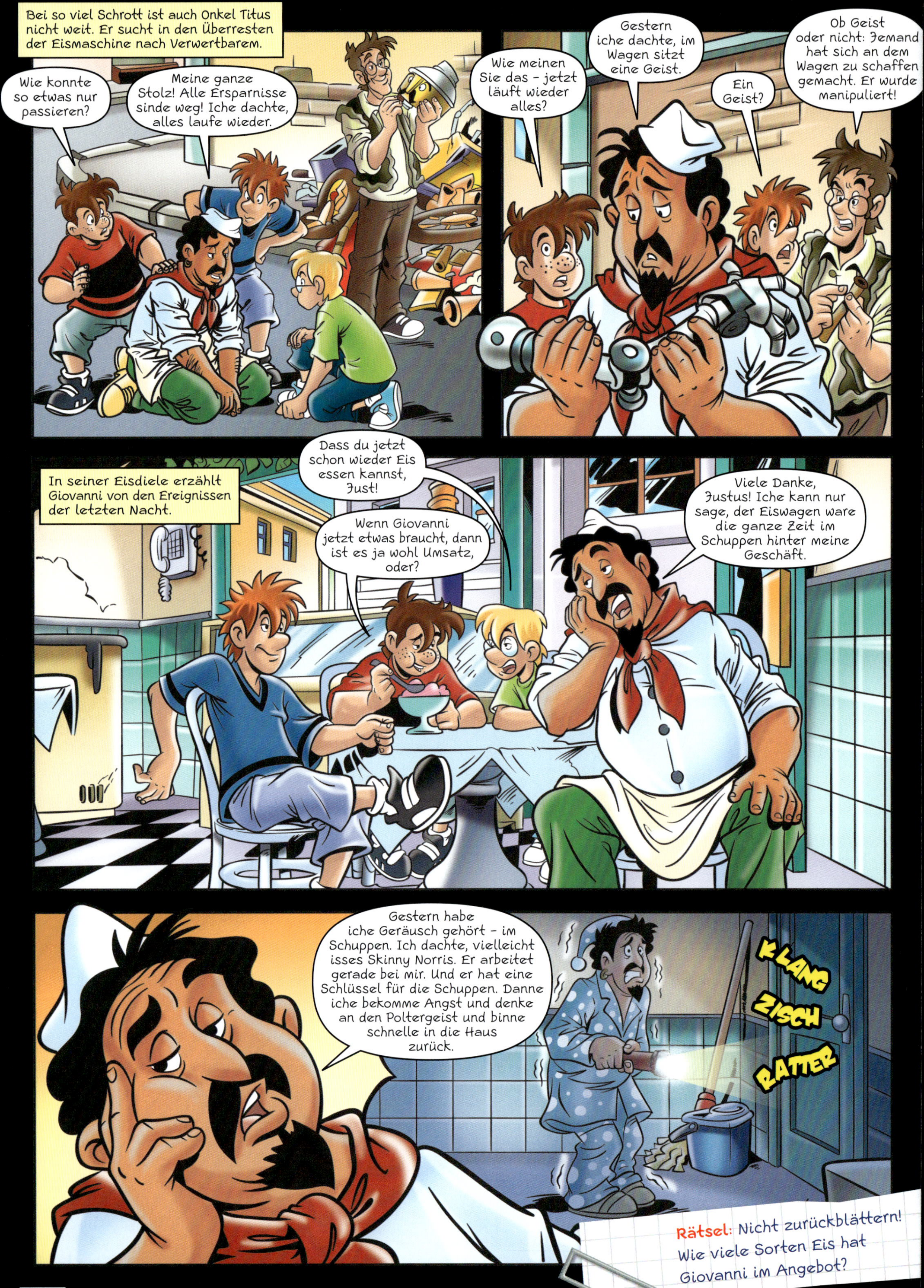
Bei so viel Schrott ist auch Onkel Titus nicht weit. Er sucht in den Überresten der Eismaschine nach Verwertbarem.
Wie konnte so etwas nur passieren?
Meine ganze Stolz! Alle Ersparnisse sinde weg! Iche dachte, alles laufe wieder.
Wie meinen Sie das – jetzt läuft wieder alles?
Gestern iche dachte, im Wagen sitzt eine Geist.
Ein Geist?
Ob Geist oder nicht: Jemand hat sich an dem Wagen zu schaffen gemacht. Er wurde manipuliert!
In seiner Eisdiele erzählt Giovanni von den Ereignissen der letzten Nacht.
Dass du jetzt schon wieder Eis essen kannst, Just!
Wenn Giovanni jetzt etwas braucht, dann ist es ja wohl Umsatz, oder?
Viele Danke, Justus! Iche kann nur sage, der Eiswagen ware die ganze Zeit im Schuppen hinter meine Geschäft.
Gestern habe iche Geräusch gehört – im Schuppen. Ich dachte, vielleicht isses Skinny Norris. Er arbeitet gerade bei mir. Und er hat eine Schlüssel für die Schuppen. Danne iche bekomme Angst und denke an den Poltergeist und binne schnelle in die Haus zurück.
KLANG
ZISCH
RATTER
Rätsel: Nicht zurückblättern! Wie viele Sorten Eis hat Giovanni im Angebot?

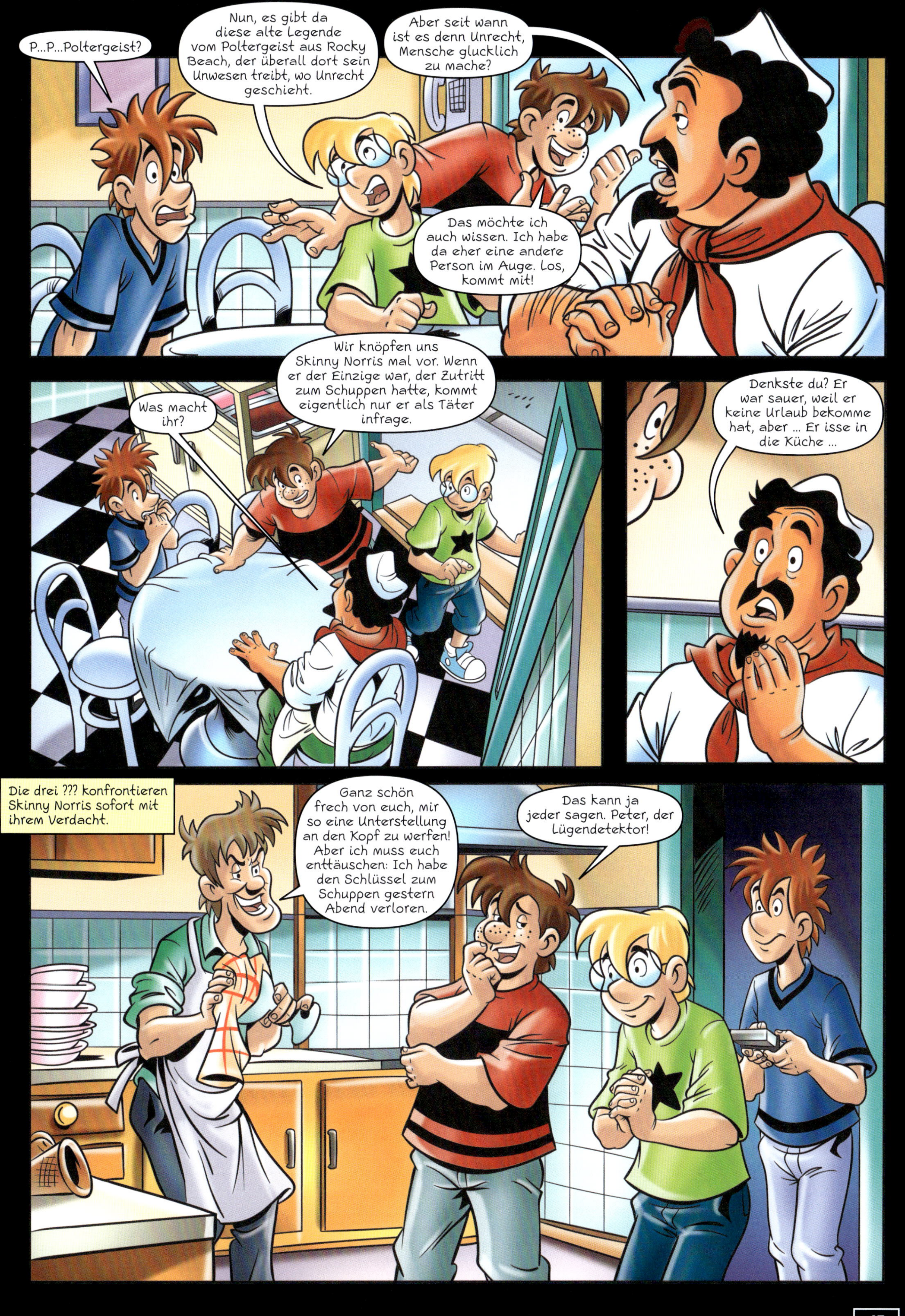

P...P...Poltergeist?
Nun, es gibt da diese alte Legende vom Poltergeist aus Rocky Beach, der überall dort sein Unwesen treibt, wo Unrecht geschieht.
Aber seit wann ist es denn Unrecht, Mensche glucklich zu mache?
Das möchte ich auch wissen. Ich habe da eher eine andere Person im Auge. Los, kommt mit!
Was macht ihr?
Wir knöpfen uns Skinny Norris mal vor. Wenn er der Einzige war, der Zutritt zum Schuppen hatte, kommt eigentlich nur er als Täter infrage.
Denkste du? Er war sauer, weil er keine Urlaub bekomme hat, aber ... Er isse in die Küche ...
Die drei ??? konfrontieren Skinny Norris sofort mit ihrem Verdacht.
Ganz schön frech von euch, mir so eine Unterstellung an den Kopf zu werfen! Aber ich muss euch enttäuschen: Ich habe den Schlüssel zum Schuppen gestern Abend verloren.
Das kann ja jeder sagen. Peter, der Lügendetektor!

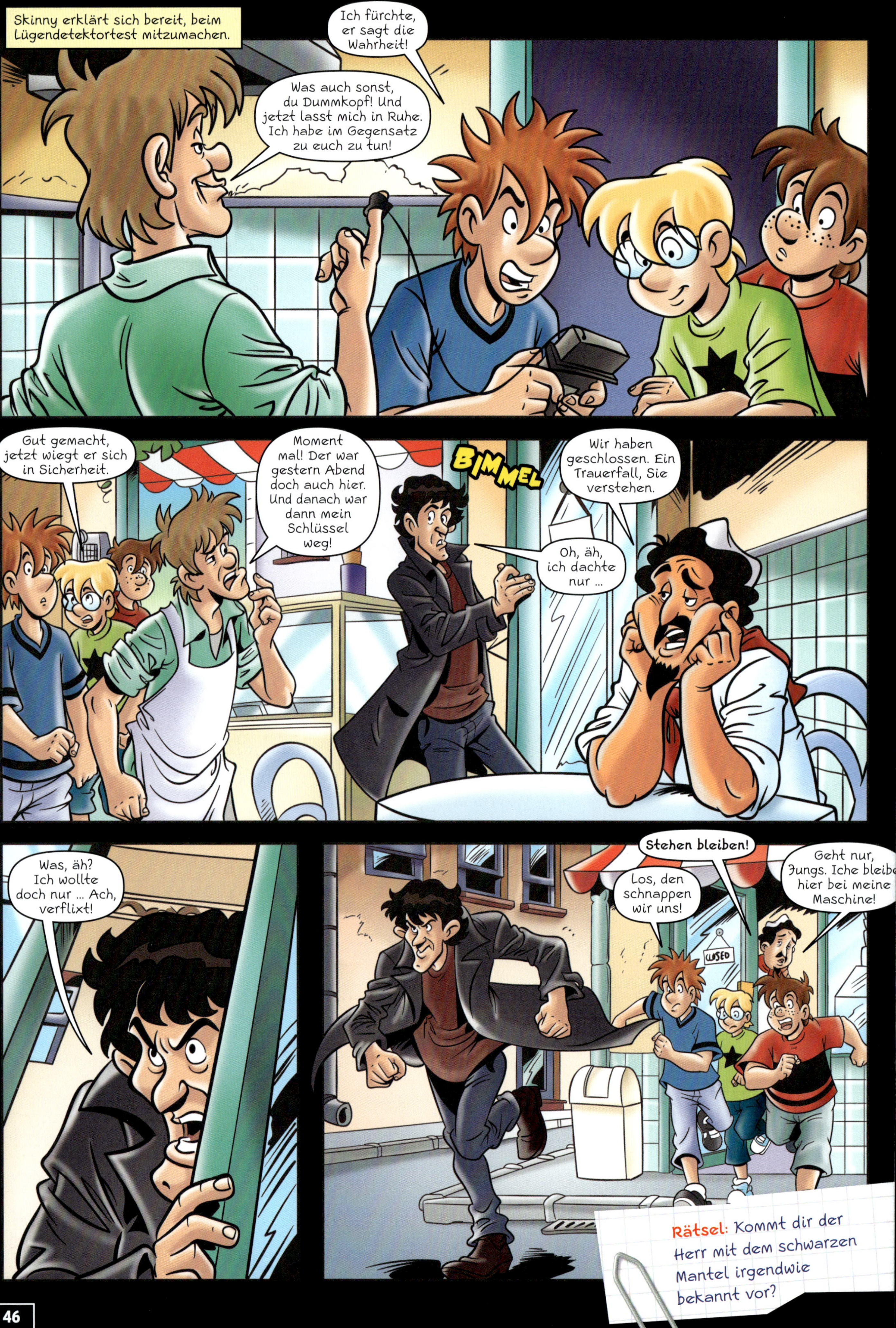

Skinny erklärt sich bereit, beim Lügendetektortest mitzumachen.
Ich fürchte, er sagt die Wahrheit!
Was auch sonst, du Dummkopf! Und jetzt lasst mich in Ruhe. Ich habe im Gegensatz zu euch zu tun!
Gut gemacht, jetzt wiegt er sich in Sicherheit.
Moment mal! Der war gestern Abend doch auch hier. Und danach war dann mein Schlüssel weg!
BIMMEL
Wir haben geschlossen. Ein Trauerfall, Sie verstehen.
Oh, äh, ich dachte nur ...
Was, äh? Ich wollte doch nur ... Ach, verflixt!
Stehen bleiben!
Los, den schnappen wir uns!
Geht nur, Jungs. Iche bleib hier bei meine Maschine!
CLOSED
Rätsel: Kommt dir der Herr mit dem schwarzen Mantel irgendwie bekannt vor?

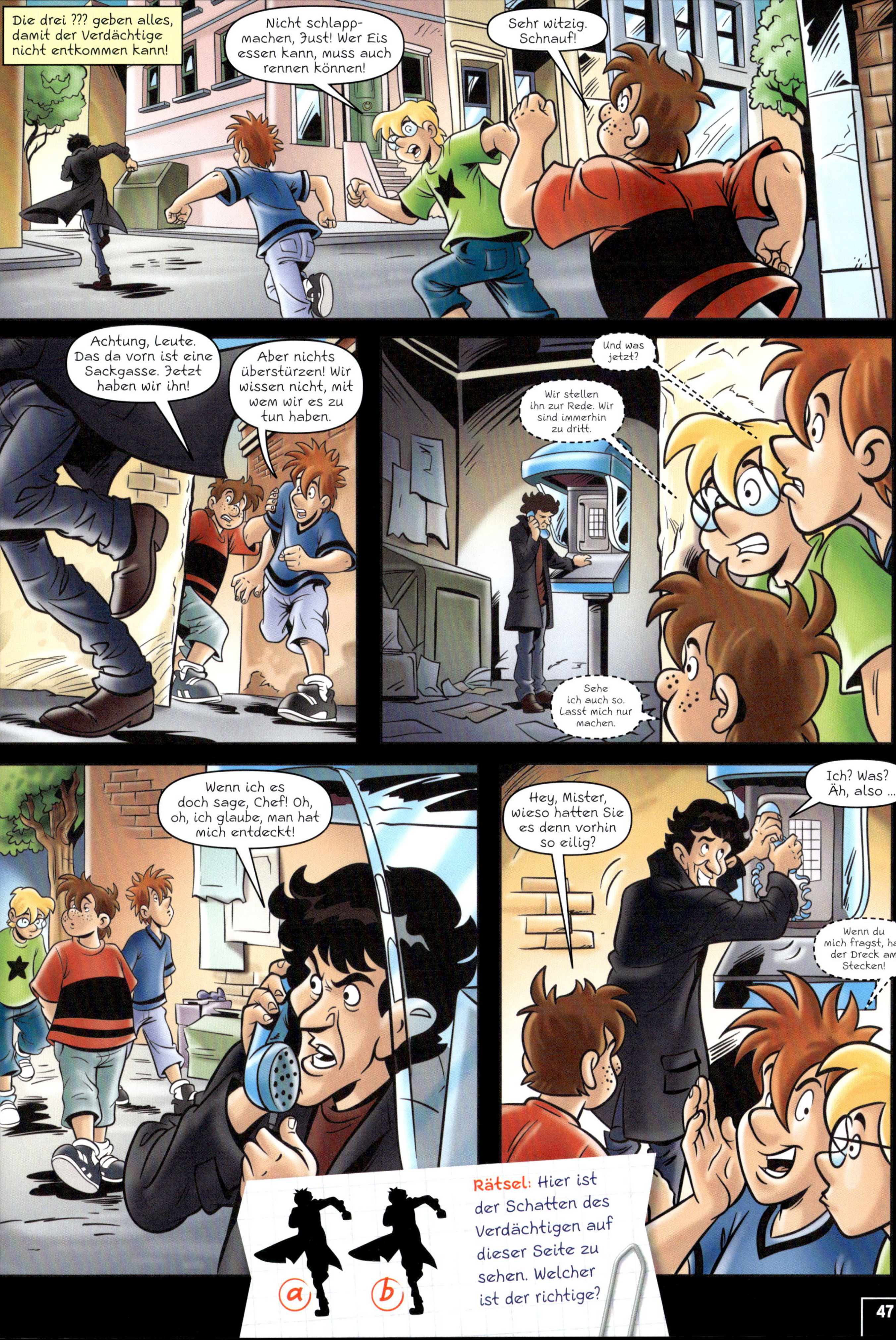
Die drei ??? geben alles, damit der Verdächtige nicht entkommen kann!
Nicht schlappmachen, Just! Wer Eis essen kann, muss auch rennen können!
Sehr witzig. Schnauf!
Achtung, Leute. Das da vorn ist eine Sackgasse. Jetzt haben wir ihn!
Aber nichts überstürzen! Wir wissen nicht, mit wem wir es zu tun haben.
Und was jetzt?
Wir stellen ihn zur Rede. Wir sind immerhin zu dritt.
Sehe ich auch so. Lasst mich nur machen.
Wenn ich es doch sage, Chef! Oh, oh, ich glaube, man hat mich entdeckt!
Hey, Mister, wieso hatten Sie es denn vorhin so eilig?
Ich? Was? Äh, also …
Wenn du mich fragst, hat der Dreck am Stecken!
a
b
Rätsel: Hier ist der Schatten des Verdächtigen auf dieser Seite zu sehen. Welcher ist der richtige?

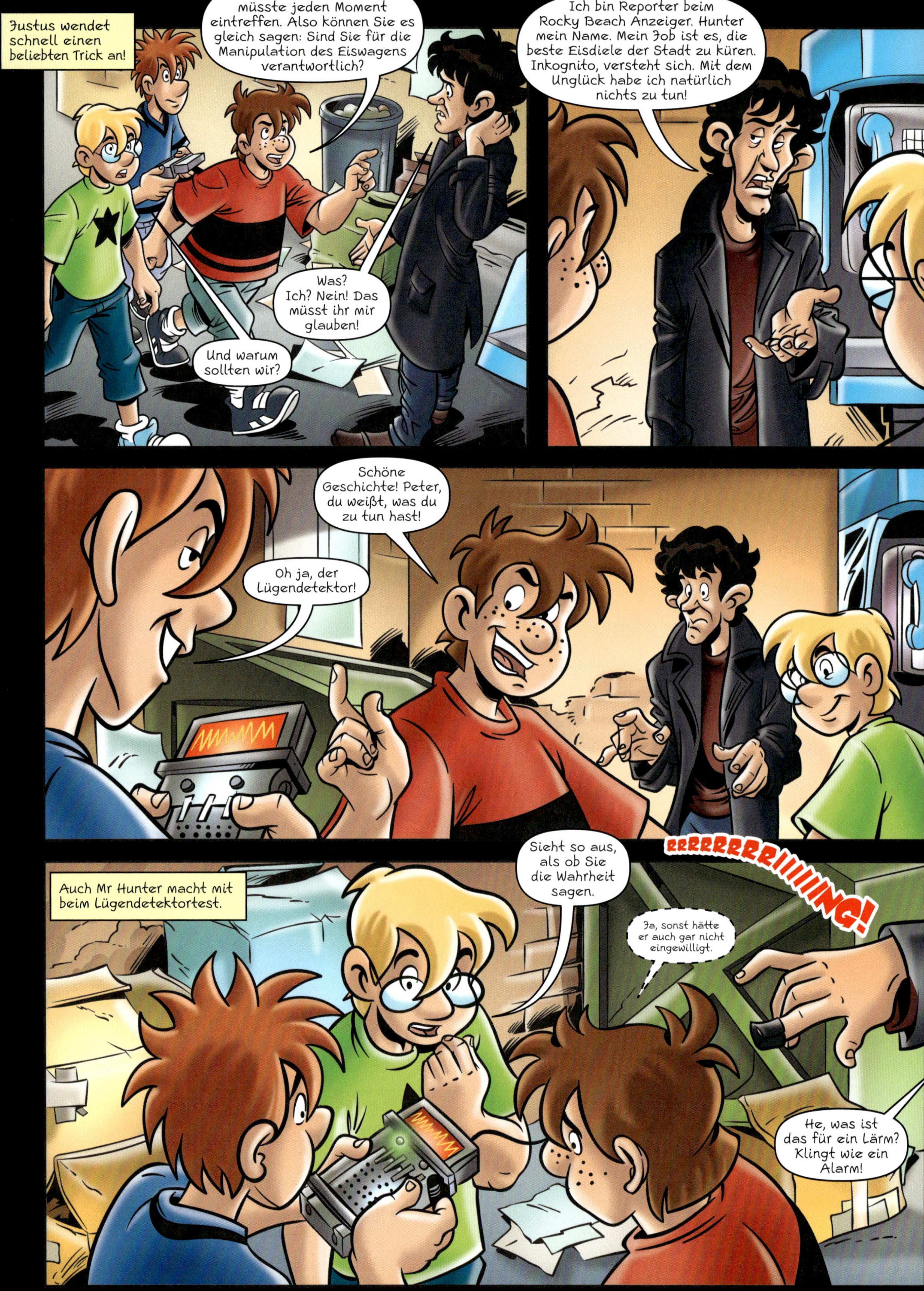

Justus wendet schnell einen beliebten Trick an!
Die Polizei müsste jeden Moment eintreffen. Also können Sie es gleich sagen: Sind Sie für die Manipulation des Eiswagens verantwortlich?
Was? Ich? Nein! Das müsst ihr mir glauben!
Und warum sollten wir?
Ich bin Reporter beim Rocky Beach Anzeiger. Hunter mein Name. Mein Job ist es, die beste Eisdiele der Stadt zu küren. Inkognito, versteht sich. Mit dem Unglück habe ich natürlich nichts zu tun!
Schöne Geschichte! Peter, du weißt, was du zu tun hast!
Oh ja, der Lügendetektor!
Auch Mr Hunter macht mit beim Lügendetektortest.
Sieht so aus, als ob Sie die Wahrheit sagen.
Ja, sonst hätte er auch gar nicht eingewilligt.
RRRRRRRRIIIIIING!
He, was ist das für ein Lärm? Klingt wie ein Alarm!

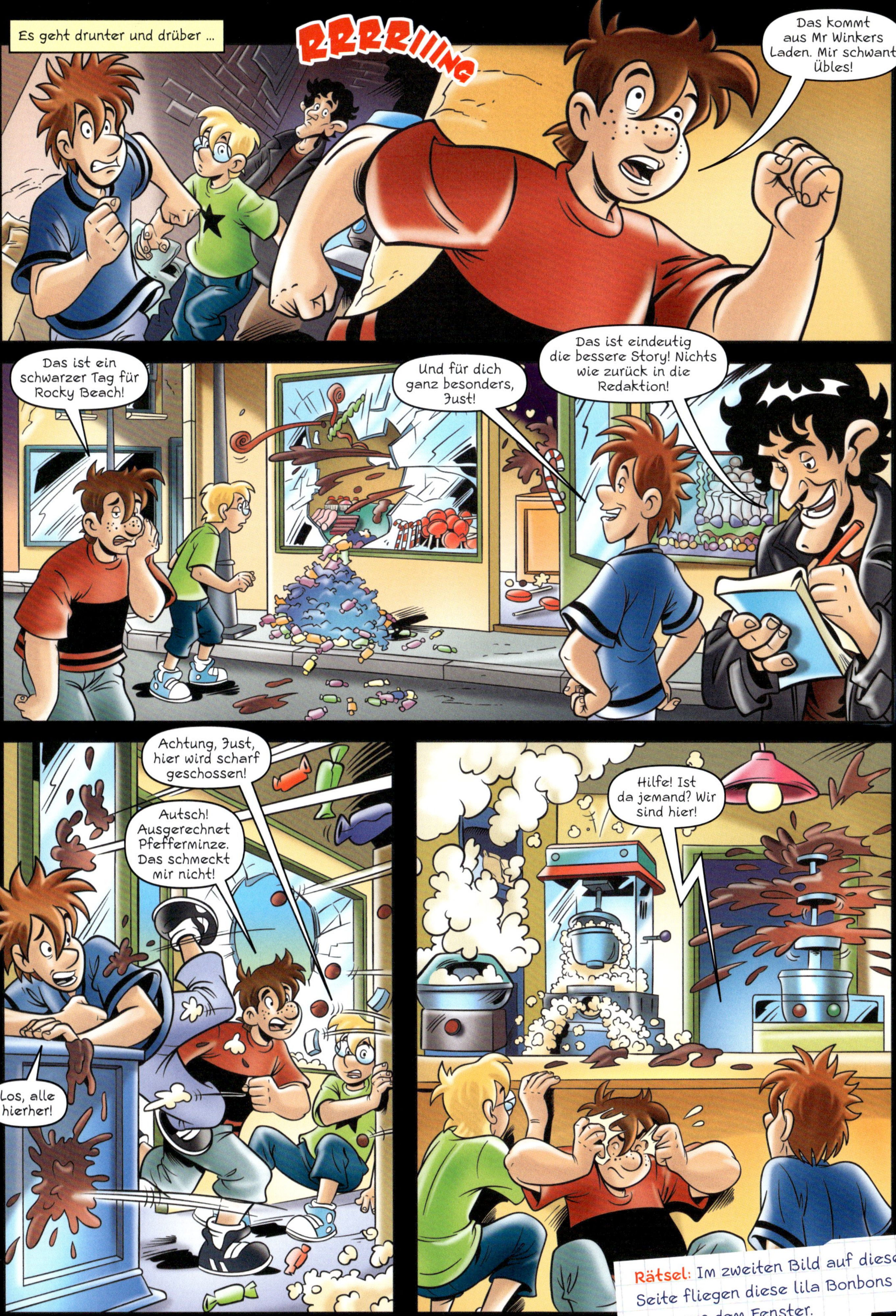

Rätsel: Im zweiten Bild auf dieser Seite fliegen diese lila Bonbons aus dem Fenster. Wie viele sind es?

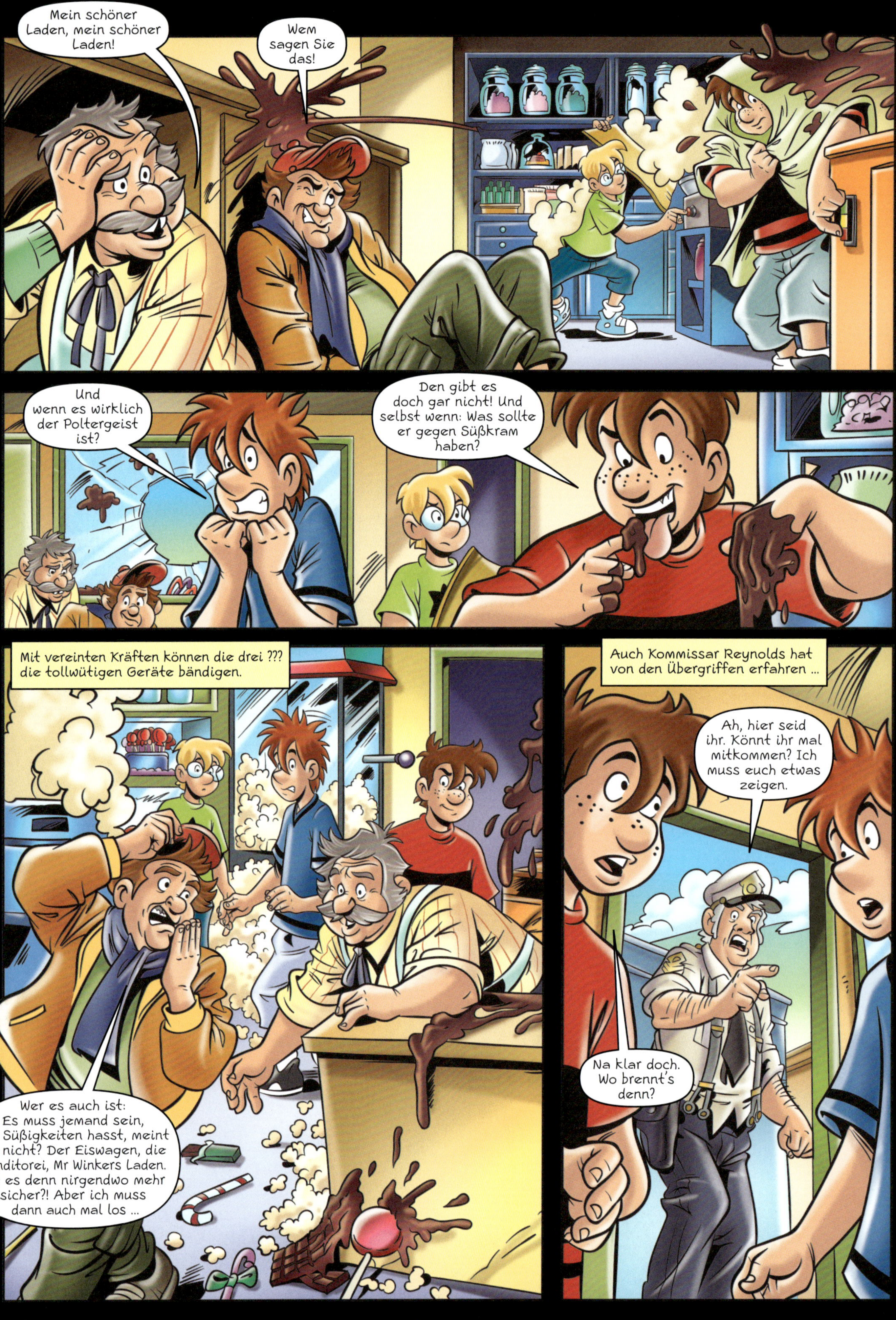

Mein schöner Laden, mein schöner Laden!
Wem sagen Sie das!
Und wenn es wirklich der Poltergeist ist?
Den gibt es doch gar nicht! Und selbst wenn: Was sollte er gegen Süßkram haben?
Mit vereinten Kräften können die drei ??? die tollwütigen Geräte bändigen.
Wer es auch ist: Es muss jemand sein, der Süßigkeiten hasst, meint ihr nicht? Der Eiswagen, die Konditorei, Mr Winkers Laden. Ist es denn nirgendwo mehr sicher?! Aber ich muss dann auch mal los ...
Auch Kommissar Reynolds hat von den Übergriffen erfahren ...
Ah, hier seid ihr. Könnt ihr mal mitkommen? Ich muss euch etwas zeigen.
Na klar doch. Wo brennt's denn?

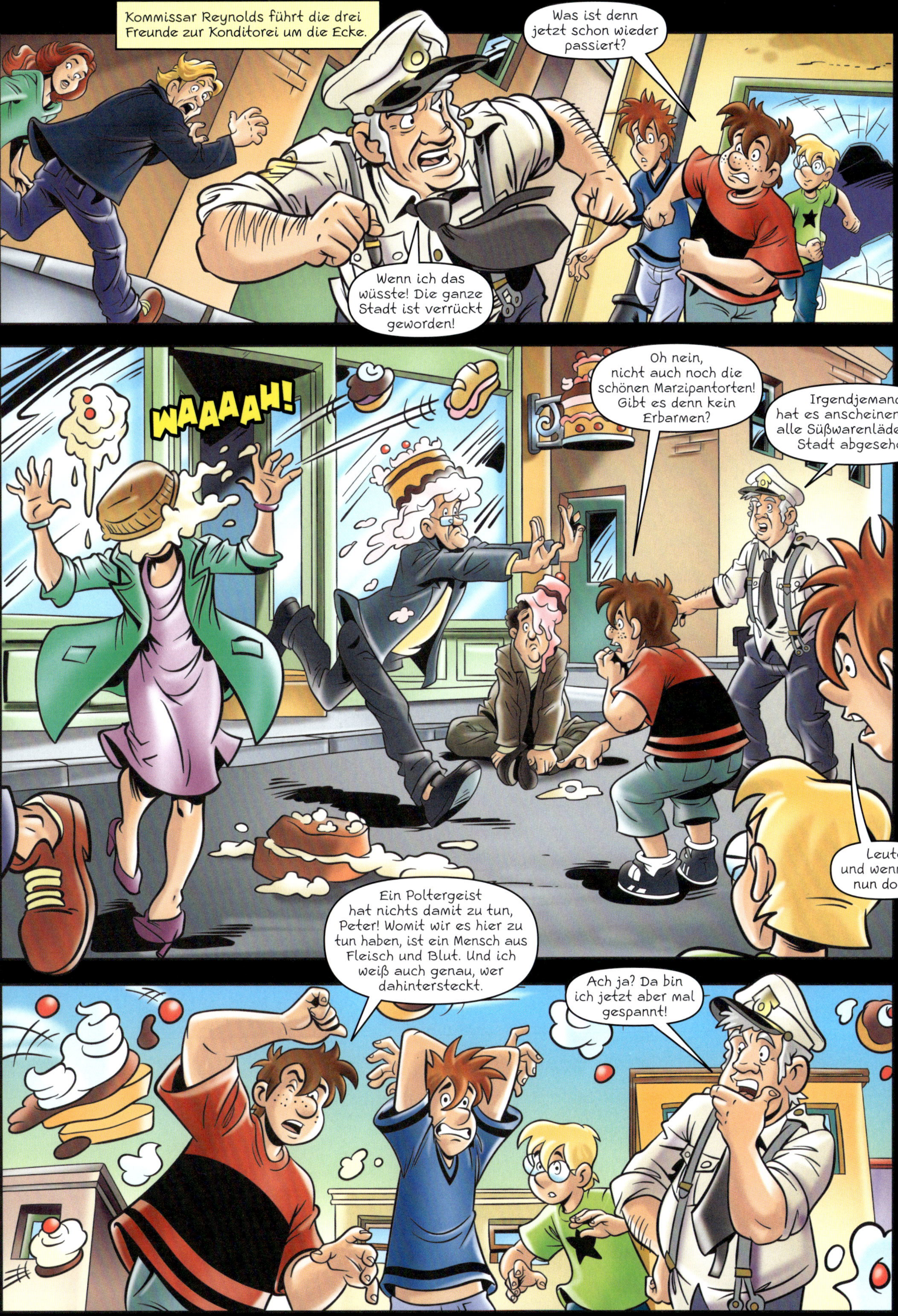
Kommissar Reynolds führt die drei Freunde zur Konditorei um die Ecke.
Was ist denn jetzt schon wieder passiert?
Wenn ich das wüsste! Die ganze Stadt ist verrückt geworden!
WAAAAH!
Oh nein, nicht auch noch die schönen Marzipantorten! Gibt es denn kein Erbarmen?
Irgendjemand hat es anscheinend auf alle Süßwarenläden der Stadt abgesehen!
Leute, und wenn es nun doch ...
Ein Poltergeist hat nichts damit zu tun, Peter! Womit wir es hier zu tun haben, ist ein Mensch aus Fleisch und Blut. Und ich weiß auch genau, wer dahintersteckt.
Ach ja? Da bin ich jetzt aber mal gespannt!

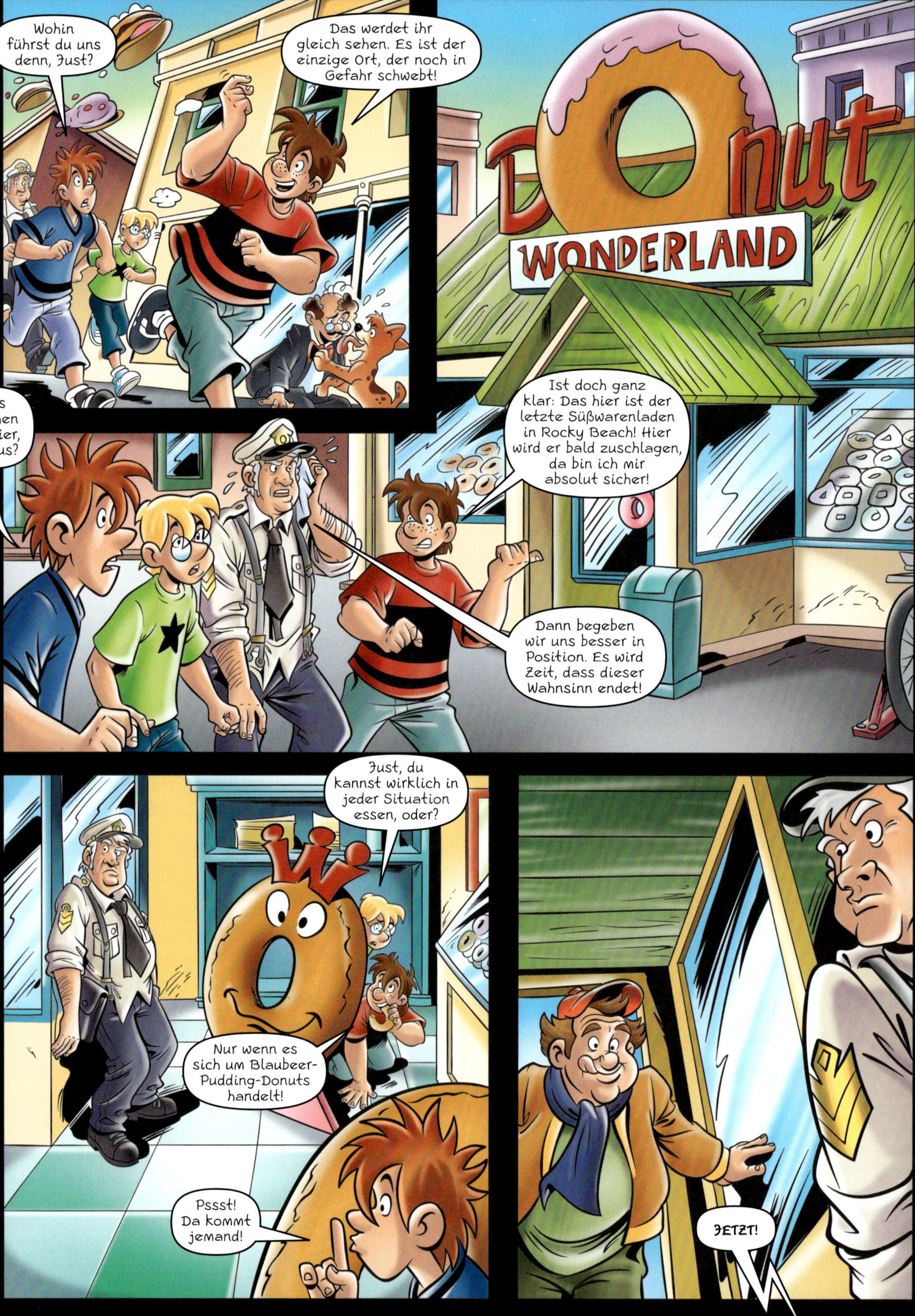
Wohin führst du uns denn, Just?
Das werdet ihr gleich sehen. Es ist der einzige Ort, der noch in Gefahr schwebt!
Donut
WONDERLAND
Was machen wir hier, Justus?
Ist doch ganz klar: Das hier ist der letzte Süßwarenladen in Rocky Beach! Hier wird er bald zuschlagen, da bin ich mir absolut sicher!
Dann begeben wir uns besser in Position. Es wird Zeit, dass dieser Wahnsinn endet!
Just, du kannst wirklich in jeder Situation essen, oder?
Nur wenn es sich um Blaubeer-Pudding-Donuts handelt!
Pssst! Da kommt jemand!
JETZT!

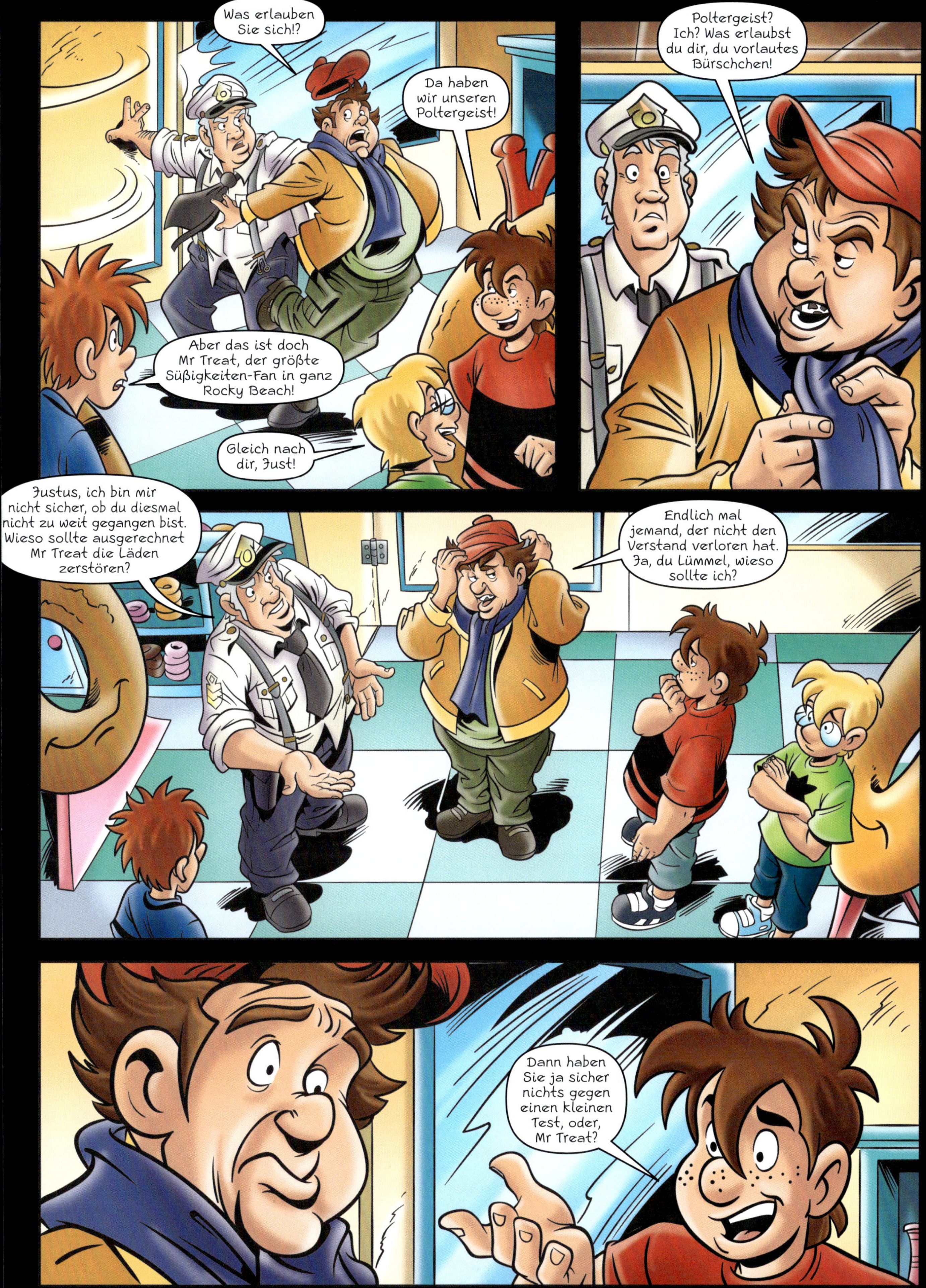
Was erlauben Sie sich!?
Da haben wir unseren Poltergeist!
Aber das ist doch Mr Treat, der größte Süßigkeiten-Fan in ganz Rocky Beach!
Gleich nach dir, Just!
Poltergeist? Ich? Was erlaubst du dir, du vorlautes Bürschchen!
Justus, ich bin mir nicht sicher, ob du diesmal nicht zu weit gegangen bist. Wieso sollte ausgerechnet Mr Treat die Läden zerstören?
Endlich mal jemand, der nicht den Verstand verloren hat. Ja, du Lümmel, wieso sollte ich?
Dann haben Sie ja sicher nichts gegen einen kleinen Test, oder, Mr Treat?

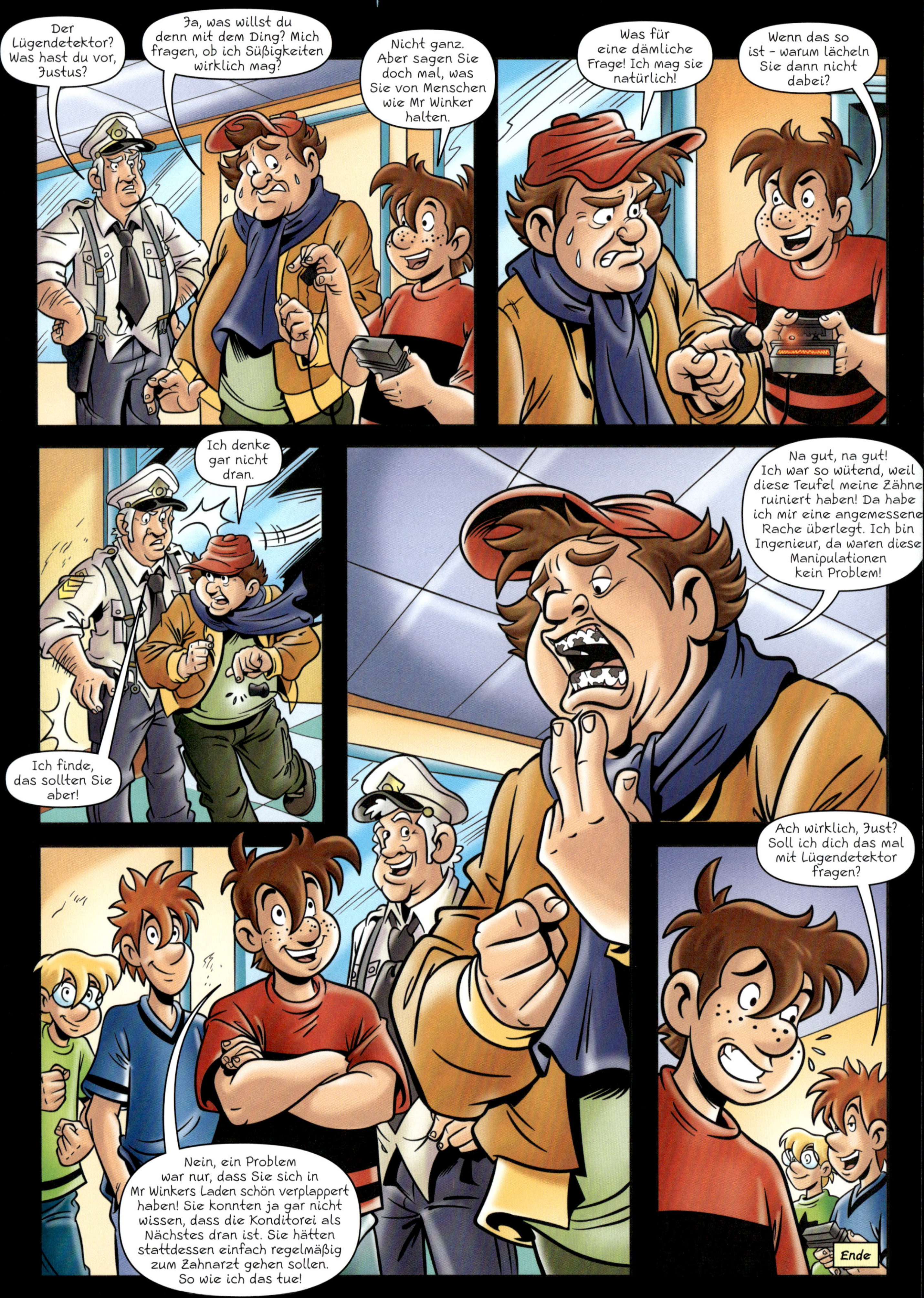

Der Lügendetektor? Was hast du vor, Justus?
Ja, was willst du denn mit dem Ding? Mich fragen, ob ich Süßigkeiten wirklich mag?
Nicht ganz. Aber sagen Sie doch mal, was Sie von Menschen wie Mr Winker halten.
Was für eine dämliche Frage! Ich mag sie natürlich!
Wenn das so ist – warum lächeln Sie dann nicht dabei?
Ich denke gar nicht dran.
Ich finde, das sollten Sie aber!
Na gut, na gut! Ich war so wütend, weil diese Teufel meine Zähne ruiniert haben! Da habe ich mir eine angemessene Rache überlegt. Ich bin Ingenieur, da waren diese Manipulationen kein Problem!
Nein, ein Problem war nur, dass Sie sich in Mr Winkers Laden schön verplappert haben! Sie konnten ja gar nicht wissen, dass die Konditorei als Nächstes dran ist. Sie hätten stattdessen einfach regelmäßig zum Zahnarzt gehen sollen. So wie ich das tue!
Ach wirklich, Just? Soll ich dich das mal mit Lügendetektor fragen?
Ende

Das Seeungeheuer

FALL 5

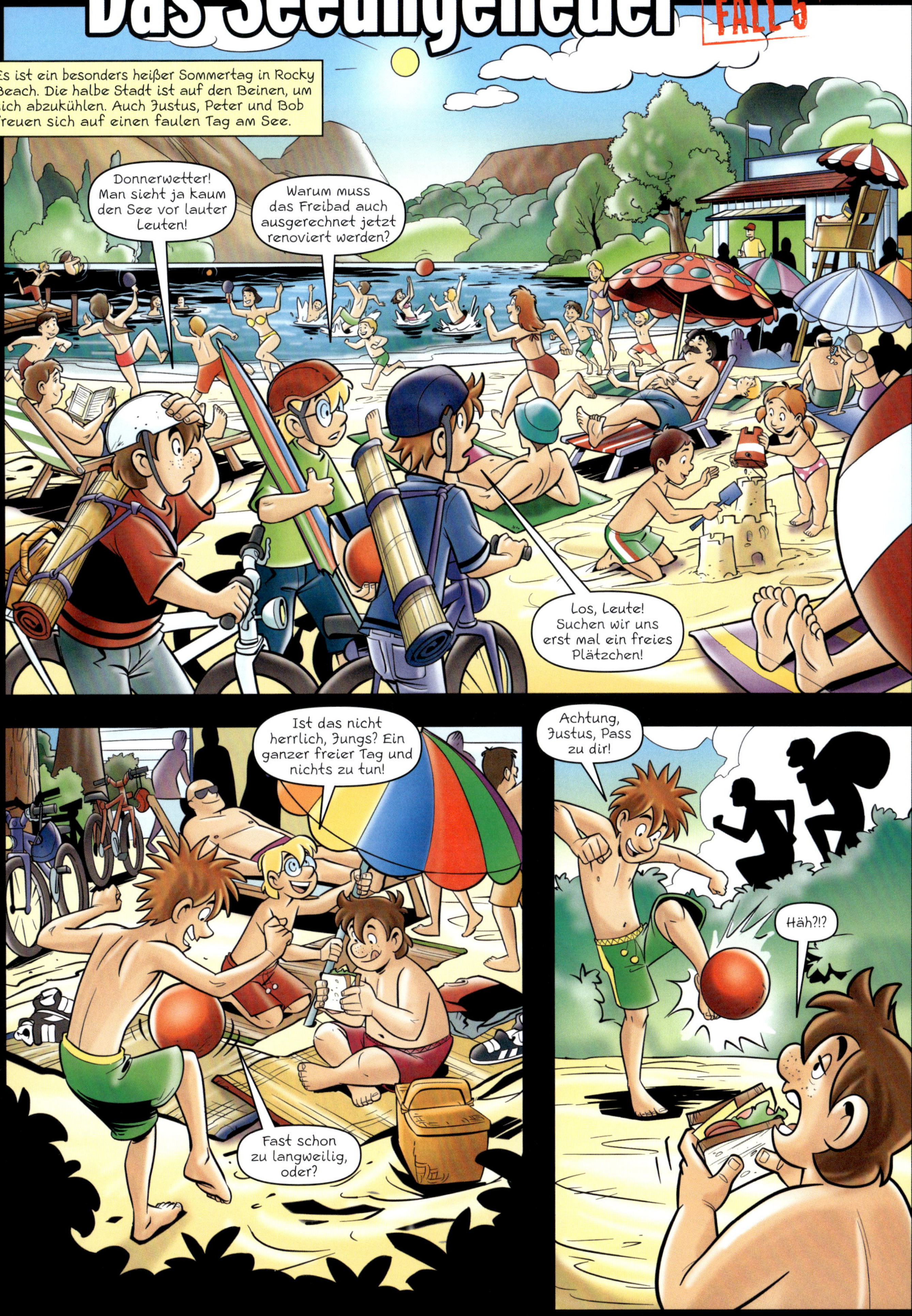

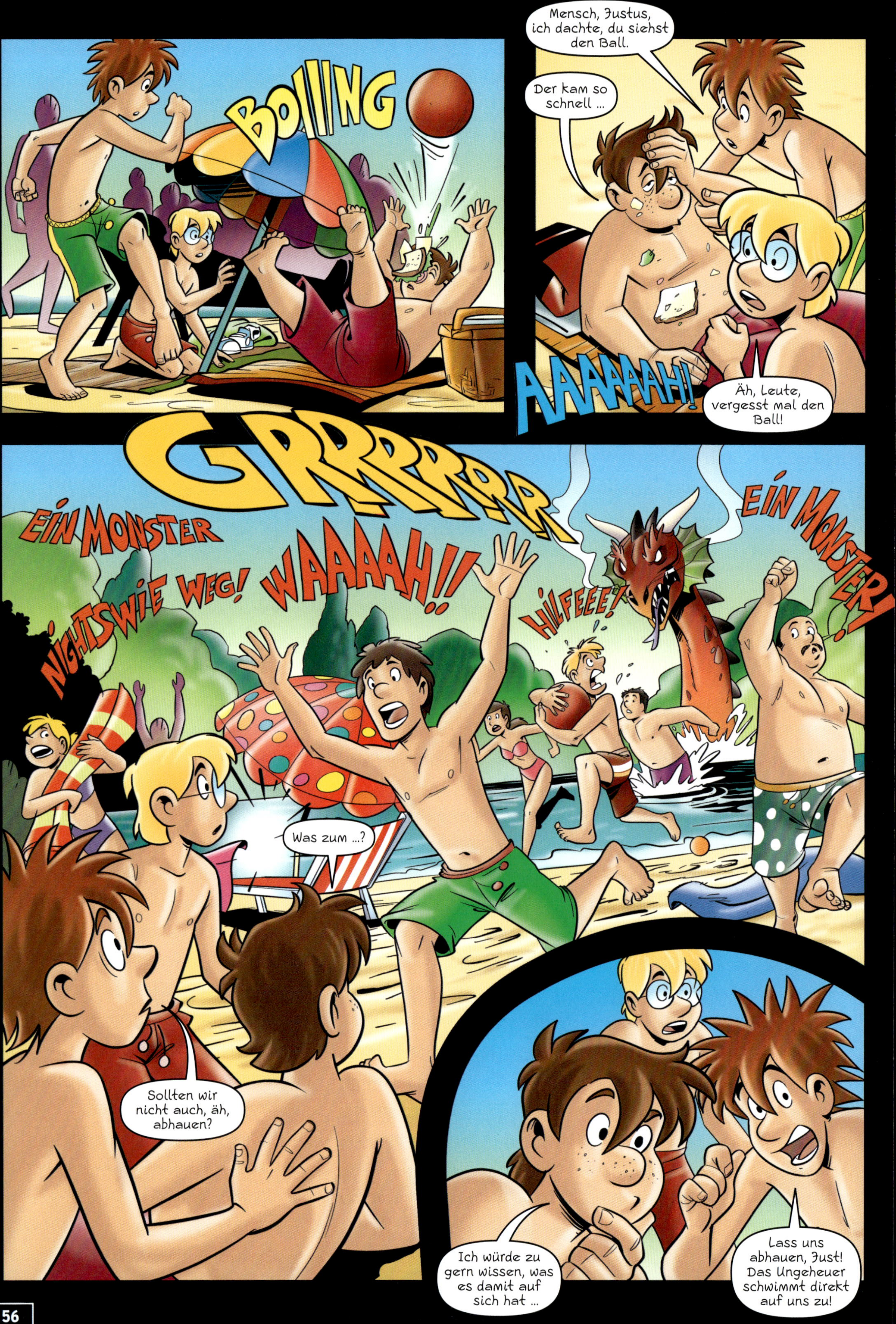
BOIIING
Mensch, Justus, ich dachte, du siehst den Ball.
Der kam so schnell ...
AAAAAAH!
Äh, Leute, vergesst mal den Ball!
GRRRRRR
EIN MONSTER
NICHTS WIE WEG!
WAAAAH!!
HILFEEE!
EIN MONSTER!
Was zum ...?
Sollten wir nicht auch, äh, abhauen?
Ich würde zu gern wissen, was es damit auf sich hat ...
Lass uns abhauen, Just! Das Ungeheuer schwimmt direkt auf uns zu!

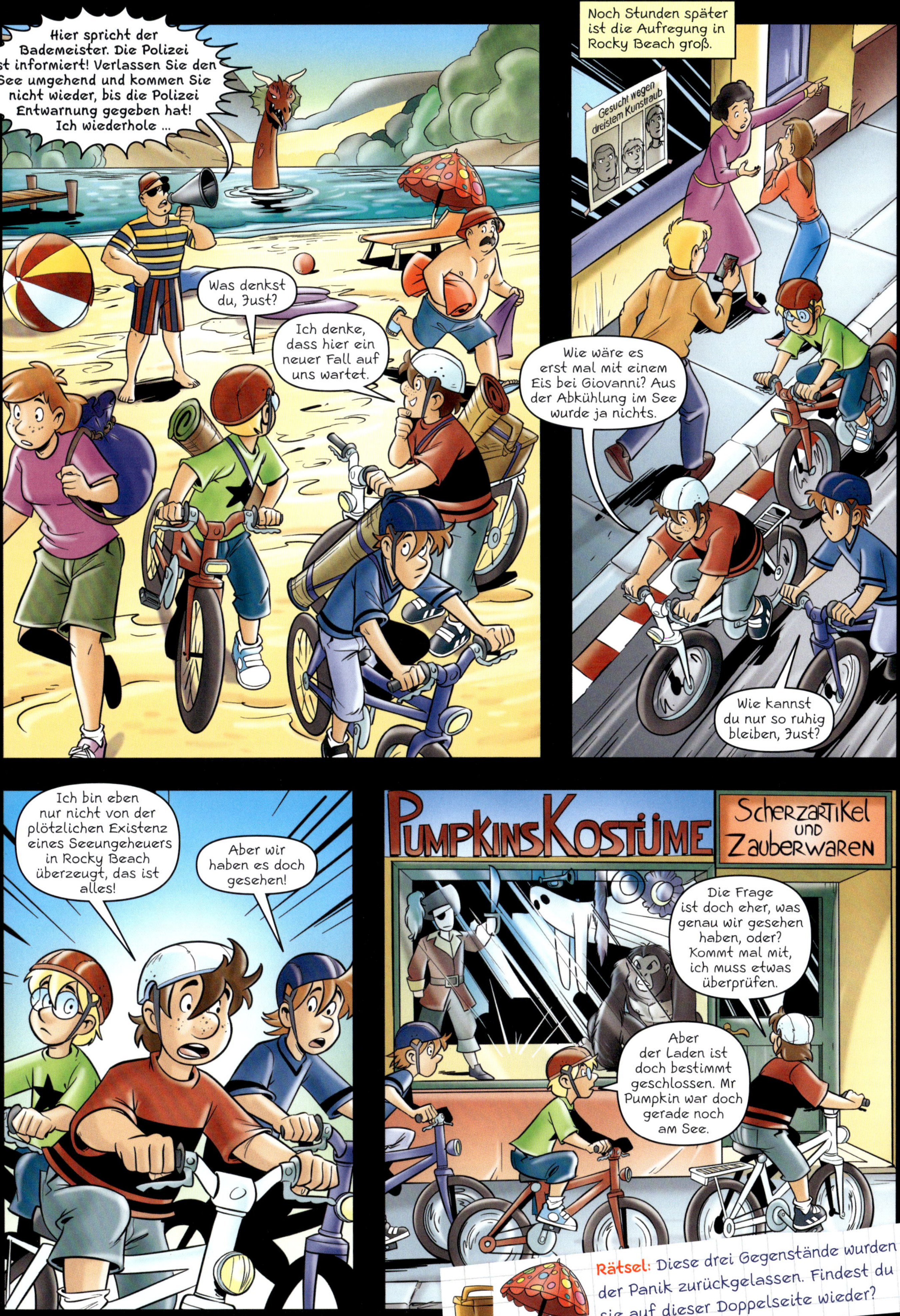

Rätsel: Diese drei Gegenstände wurden bei der Panik zurückgelassen. Findest du sie auf dieser Doppelseite wieder?

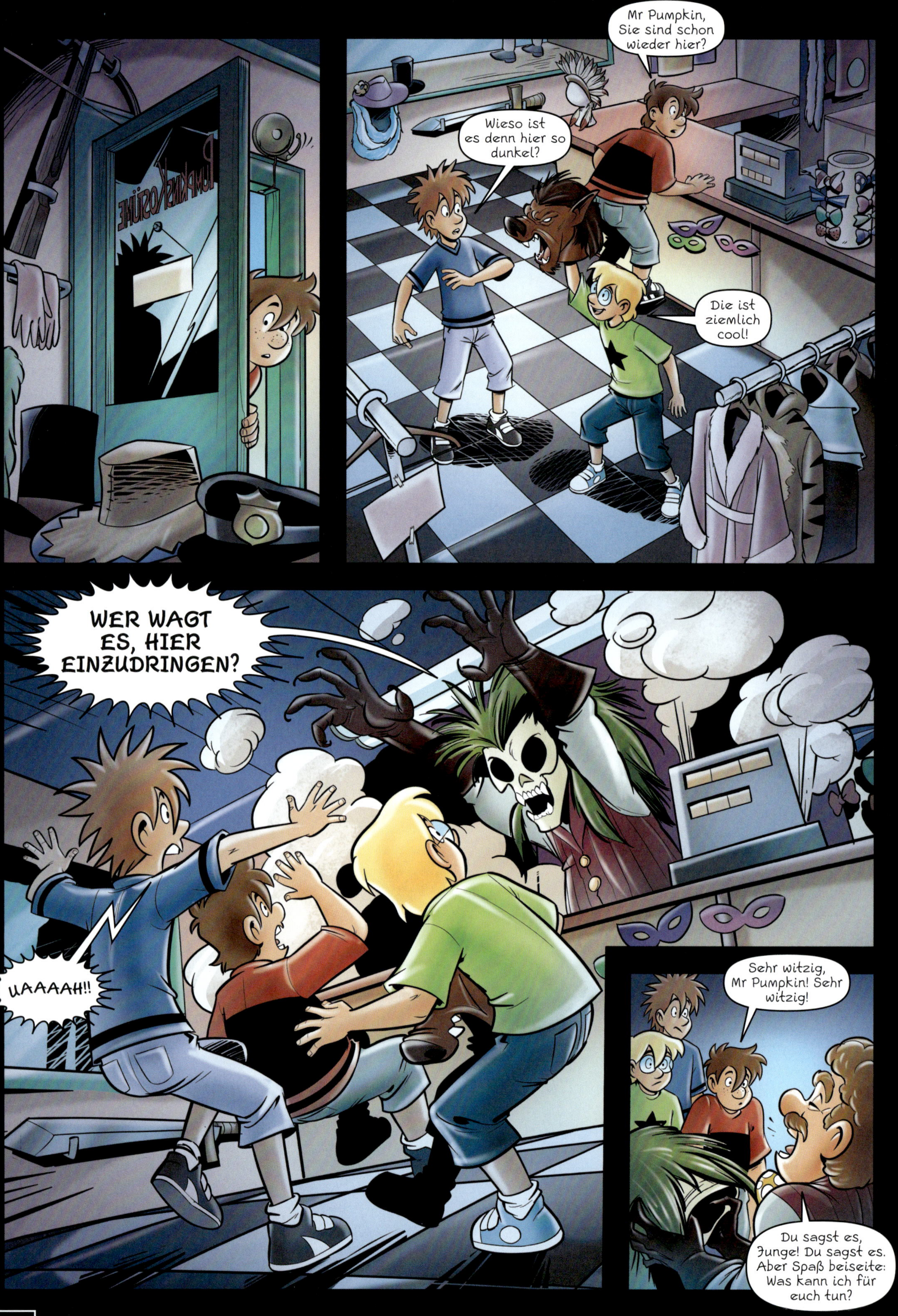

Mr Pumpkin, Sie sind schon wieder hier?
Wieso ist es denn hier so dunkel?
Die ist ziemlich cool!
WER WAGT ES, HIER EINZUDRINGEN?
UAAAAH!!
Sehr witzig, Mr Pumpkin! Sehr witzig!
Du sagst es, Junge! Du sagst es. Aber Spaß beiseite: Was kann ich für euch tun?

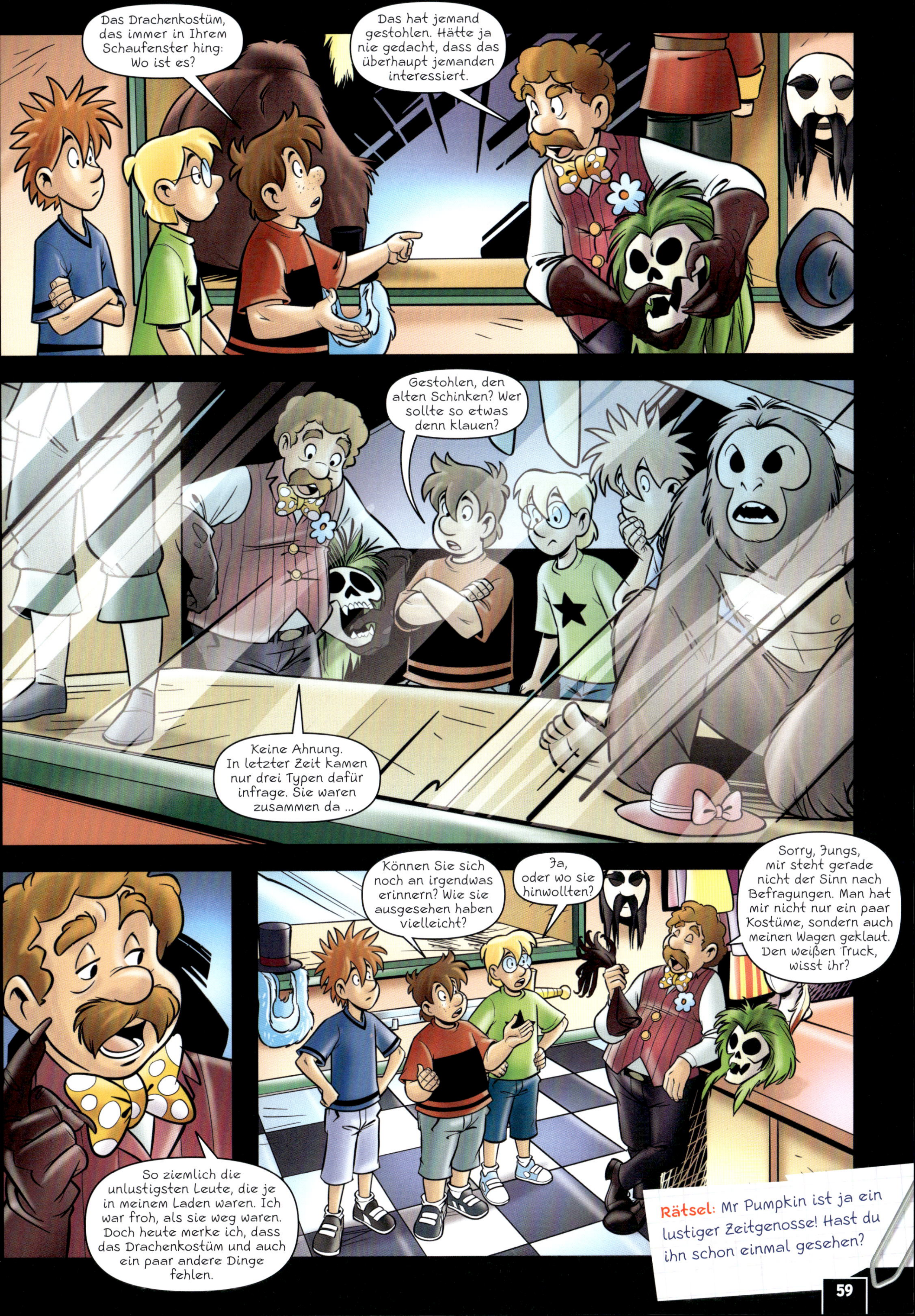
Das Drachenkostüm, das immer in Ihrem Schaufenster hing: Wo ist es?
Das hat jemand gestohlen. Hätte ja nie gedacht, dass das überhaupt jemanden interessiert.
Gestohlen, den alten Schinken? Wer sollte so etwas denn klauen?
Keine Ahnung. In letzter Zeit kamen nur drei Typen dafür infrage. Sie waren zusammen da ...
So ziemlich die unlustigsten Leute, die je in meinem Laden waren. Ich war froh, als sie weg waren. Doch heute merke ich, dass das Drachenkostüm und auch ein paar andere Dinge fehlen.
Können Sie sich noch an irgendwas erinnern? Wie sie ausgesehen haben vielleicht?
Ja, oder wo sie hinwollten?
Sorry, Jungs, mir steht gerade nicht der Sinn nach Befragungen. Man hat mir nicht nur ein paar Kostüme, sondern auch meinen Wagen geklaut. Den weißen Truck, wisst ihr?
Rätsel: Mr Pumpkin ist ja ein lustiger Zeitgenosse! Hast du ihn schon einmal gesehen?

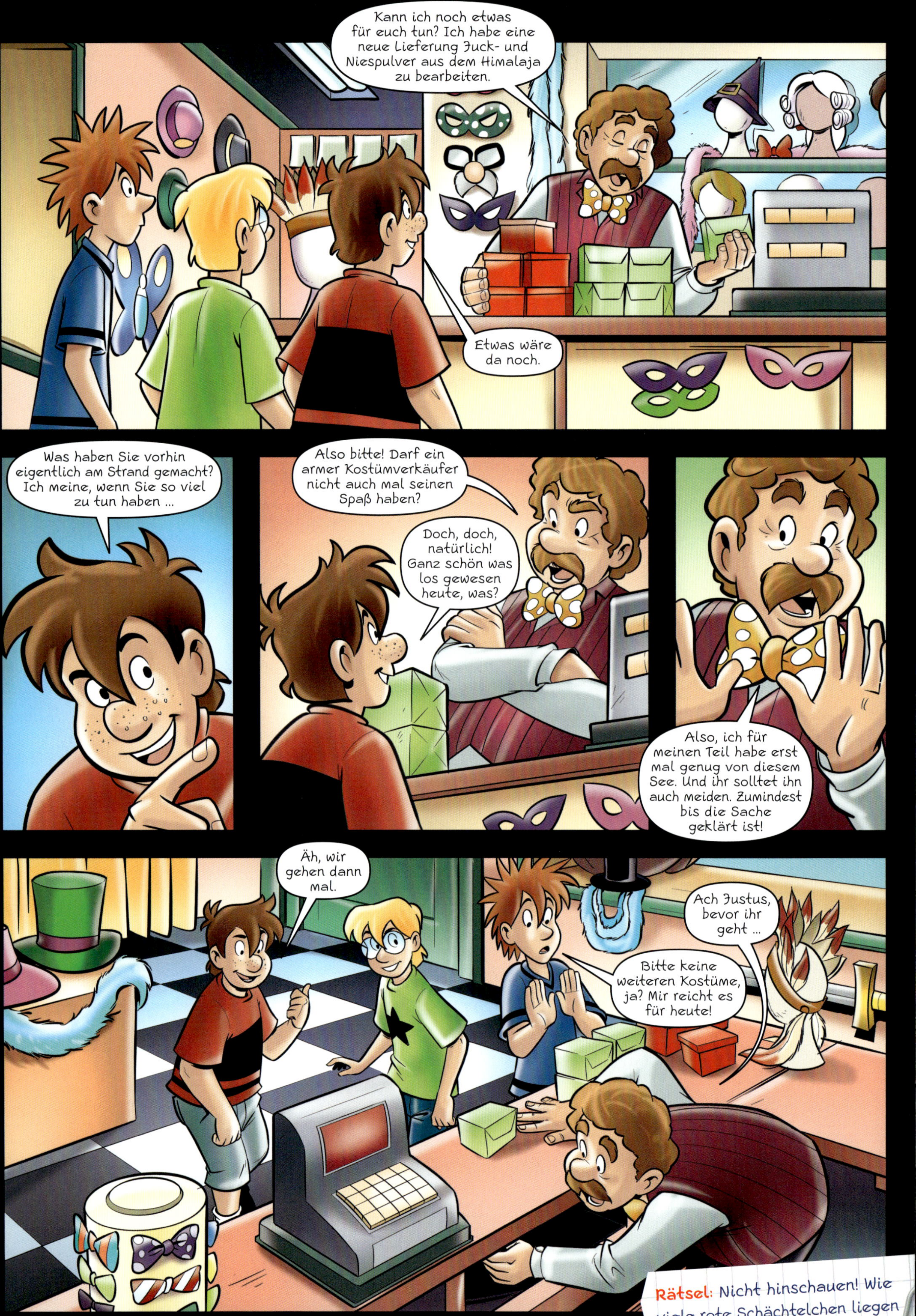

Rätsel: Nicht hinschauen! Wie viele rote Schächtelchen liegen bei Mr Pumpkin auf der Theke?

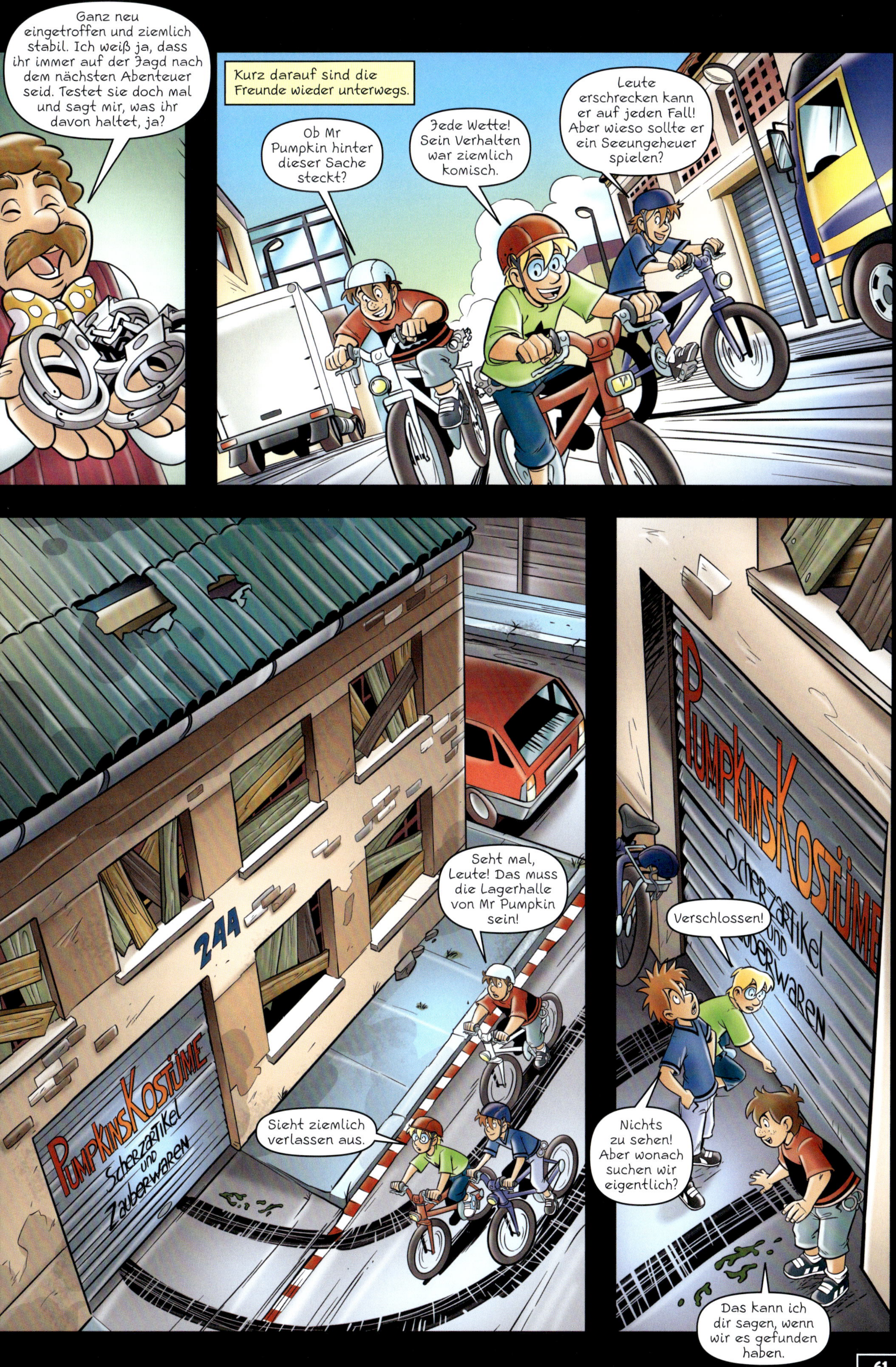

Ganz neu eingetroffen und ziemlich stabil. Ich weiß ja, dass ihr immer auf der Jagd nach dem nächsten Abenteuer seid. Testet sie doch mal und sagt mir, was ihr davon haltet, ja?
Kurz darauf sind die Freunde wieder unterwegs.
Ob Mr Pumpkin hinter dieser Sache steckt?
Jede Wette! Sein Verhalten war ziemlich komisch.
Leute erschrecken kann er auf jeden Fall! Aber wieso sollte er ein Seeungeheuer spielen?
244
Pumpkins Kostüme
Scherzartikel und Zauberwaren
Seht mal, Leute! Das muss die Lagerhalle von Mr Pumpkin sein!
Sieht ziemlich verlassen aus.
Pumpkins Kostüme
Scherzartikel und Zauberwaren
Verschlossen!
Nichts zu sehen! Aber wonach suchen wir eigentlich?
Das kann ich dir sagen, wenn wir es gefunden haben.

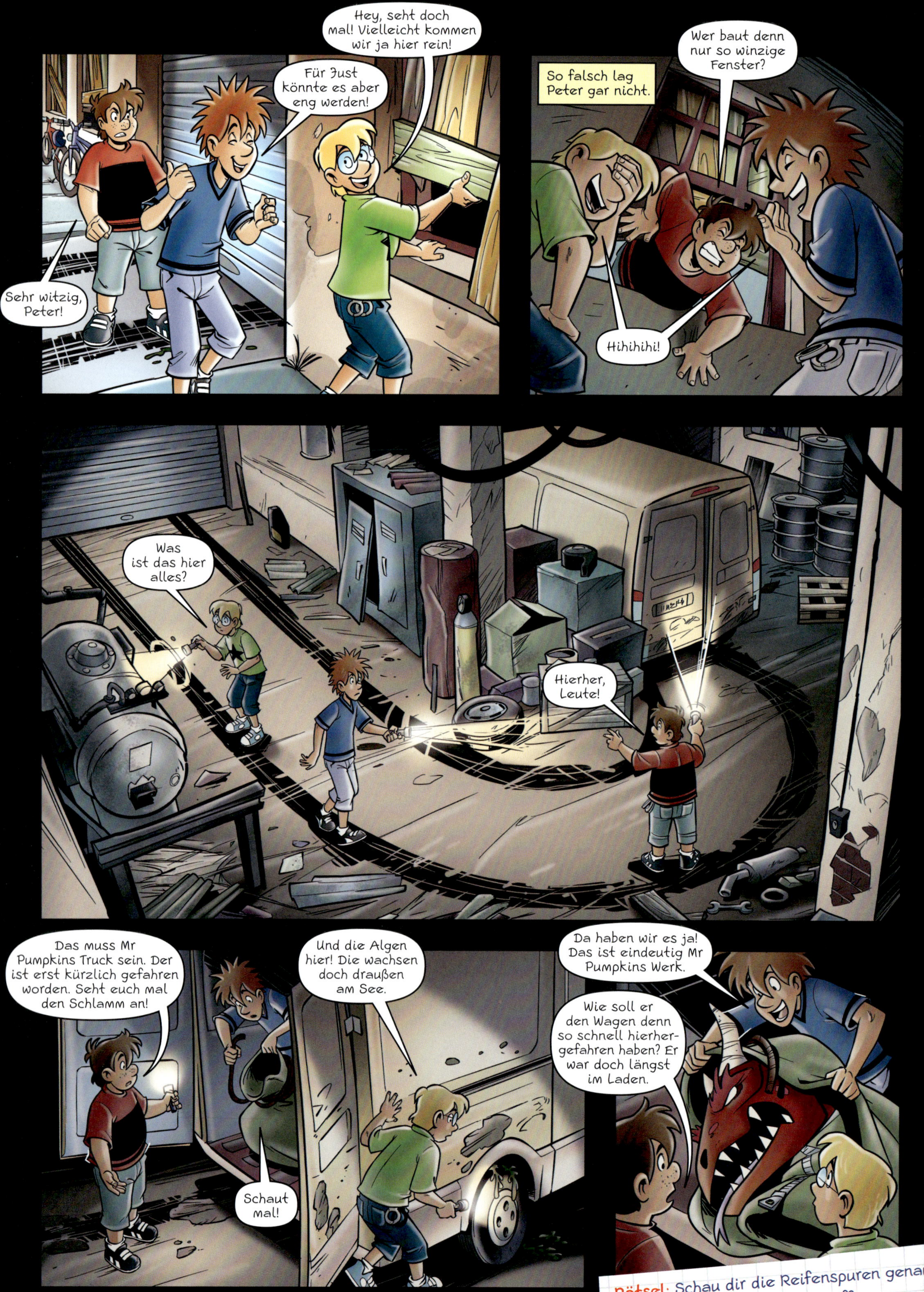

Rätsel: Schau dir die Reifenspuren gena
an! Was fällt dir an ihnen auf?

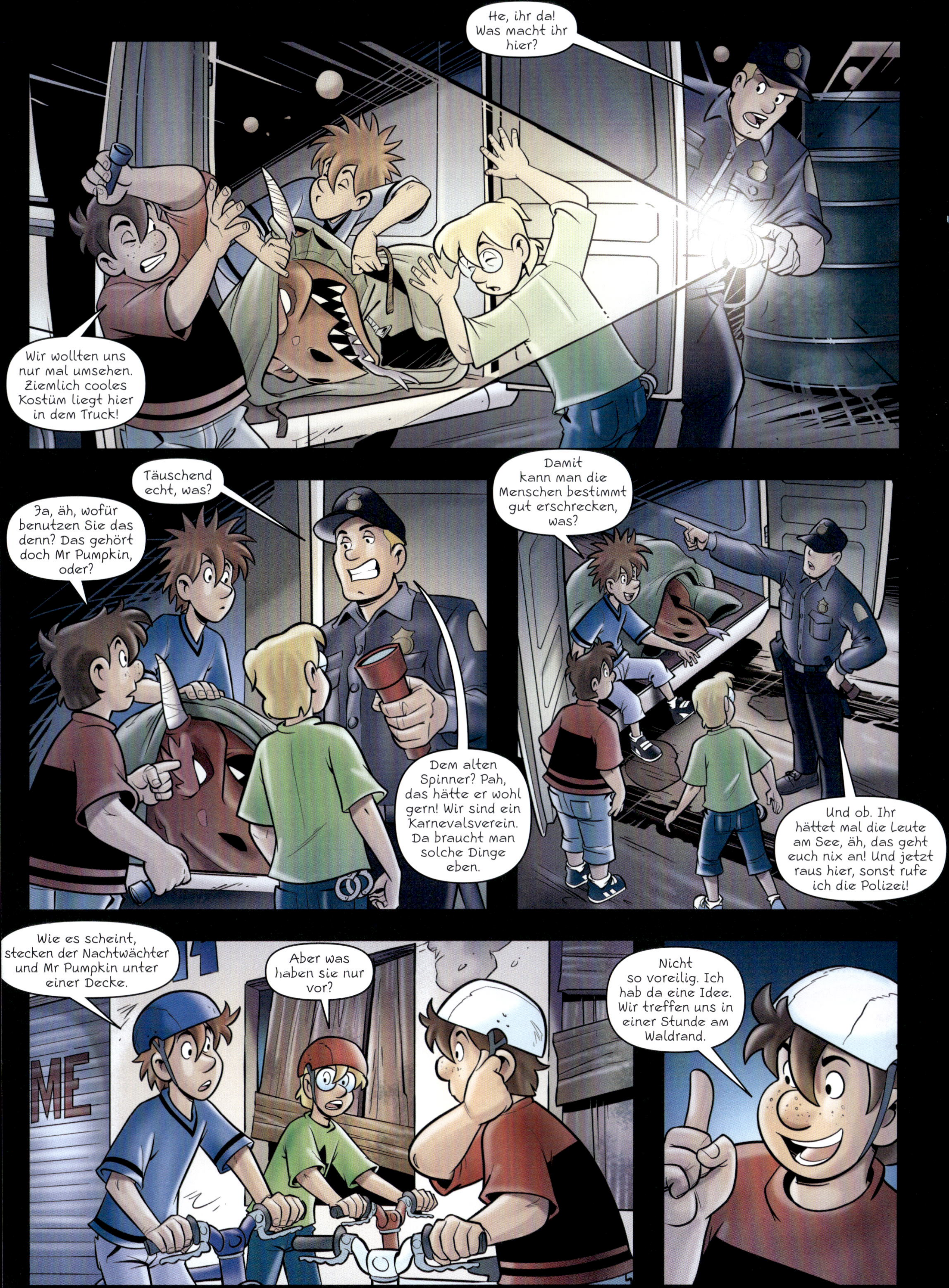
He, ihr da! Was macht ihr hier?
Wir wollten uns nur mal umsehen. Ziemlich cooles Kostüm liegt hier in dem Truck!
Ja, äh, wofür benutzen Sie das denn? Das gehört doch Mr Pumpkin, oder?
Täuschend echt, was?
Dem alten Spinner? Pah, das hätte er wohl gern! Wir sind ein Karnevalsverein. Da braucht man solche Dinge eben.
Damit kann man die Menschen bestimmt gut erschrecken, was?
Und ob. Ihr hättet mal die Leute am See, äh, das geht euch nix an! Und jetzt raus hier, sonst rufe ich die Polizei!
Wie es scheint, stecken der Nachtwächter und Mr Pumpkin unter einer Decke.
Aber was haben sie nur vor?
Nicht so voreilig. Ich hab da eine Idee. Wir treffen uns in einer Stunde am Waldrand.
ME

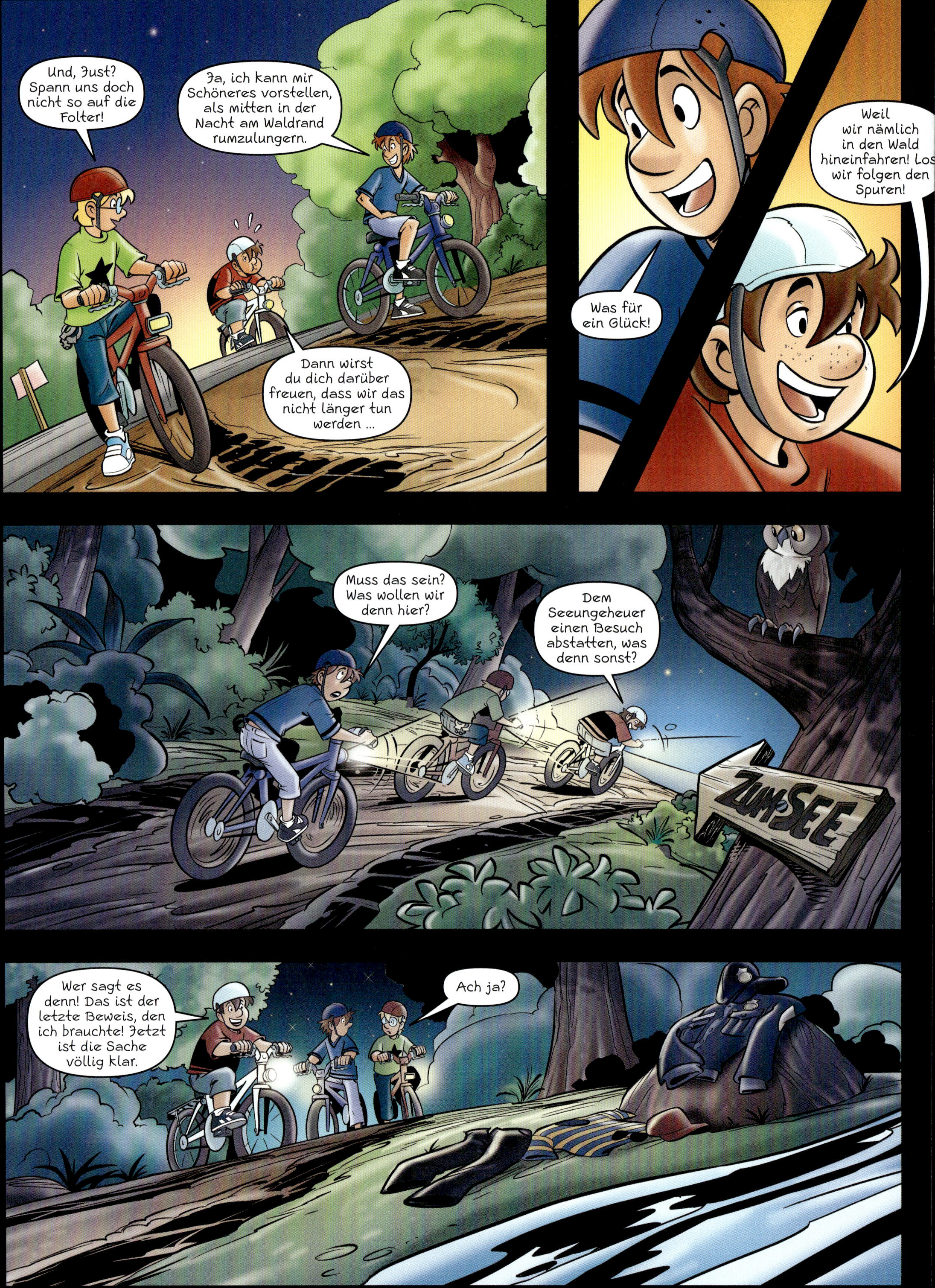

Und, Just? Spann uns doch nicht so auf die Folter!
Ja, ich kann mir Schöneres vorstellen, als mitten in der Nacht am Waldrand rumzulungern.
Dann wirst du dich darüber freuen, dass wir das nicht länger tun werden ...
Weil wir nämlich in den Wald hineinfahren! Los wir folgen den Spuren!
Was für ein Glück!
Muss das sein? Was wollen wir denn hier?
Dem Seeungeheuer einen Besuch abstatten, was denn sonst?
ZUM SEE
Wer sagt es denn! Das ist der letzte Beweis, den ich brauchte! Jetzt ist die Sache völlig klar.
Ach ja?

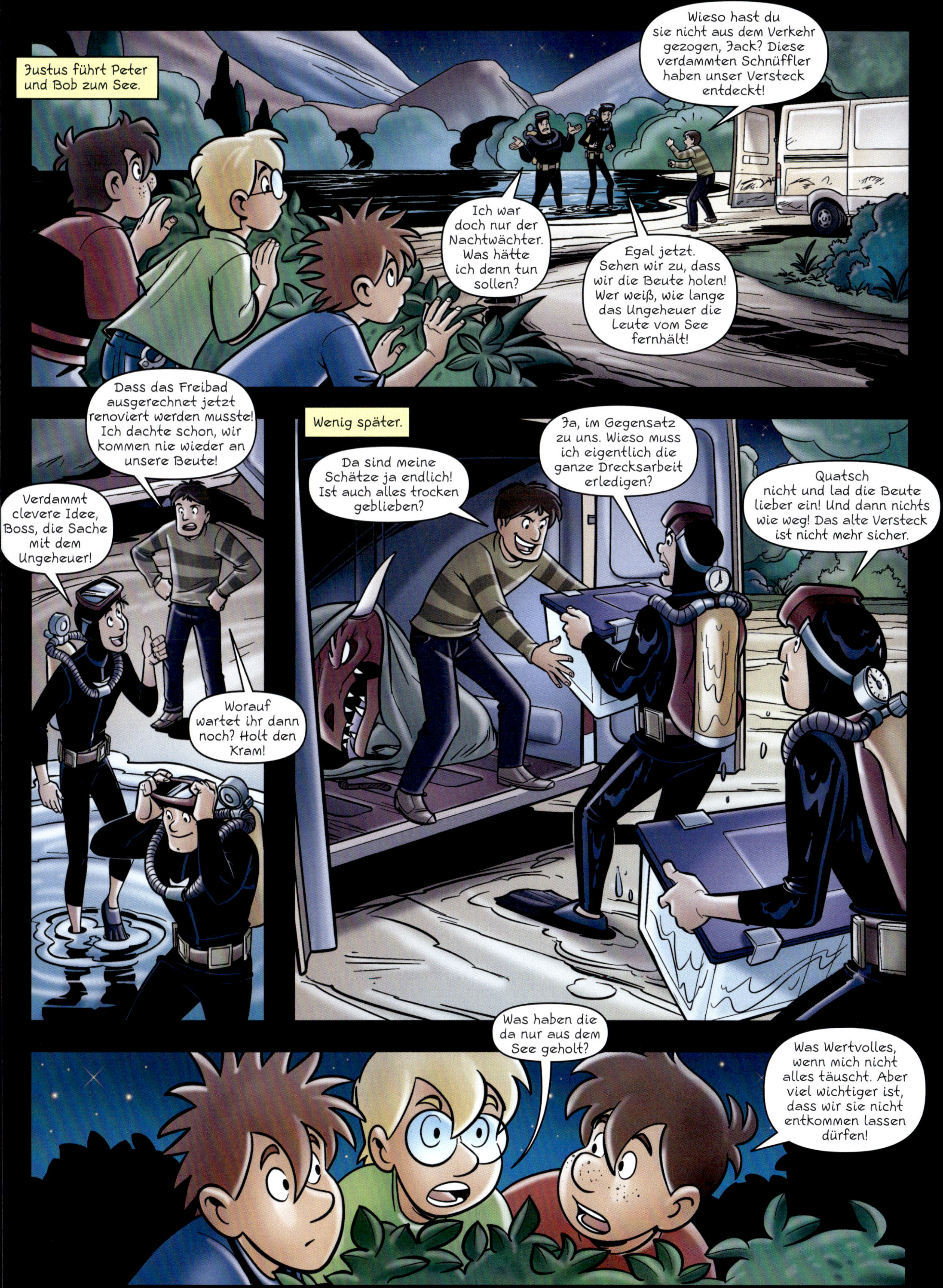
Justus führt Peter und Bob zum See.
Wieso hast du sie nicht aus dem Verkehr gezogen, Jack? Diese verdammten Schnüffler haben unser Versteck entdeckt!
Ich war doch nur der Nachtwächter. Was hätte ich denn tun sollen?
Egal jetzt. Sehen wir zu, dass wir die Beute holen! Wer weiß, wie lange das Ungeheuer die Leute vom See fernhält!
Dass das Freibad ausgerechnet jetzt renoviert werden musste! Ich dachte schon, wir kommen nie wieder an unsere Beute!
Verdammt clevere Idee, Boss, die Sache mit dem Ungeheuer!
Worauf wartet ihr dann noch? Holt den Kram!
Wenig später.
Da sind meine Schätze ja endlich! Ist auch alles trocken geblieben?
Ja, im Gegensatz zu uns. Wieso muss ich eigentlich die ganze Drecksarbeit erledigen?
Quatsch nicht und lad die Beute lieber ein! Und dann nichts wie weg! Das alte Versteck ist nicht mehr sicher.
Was haben die da nur aus dem See geholt?
Was Wertvolles, wenn mich nicht alles täuscht. Aber viel wichtiger ist, dass wir sie nicht entkommen lassen dürfen!

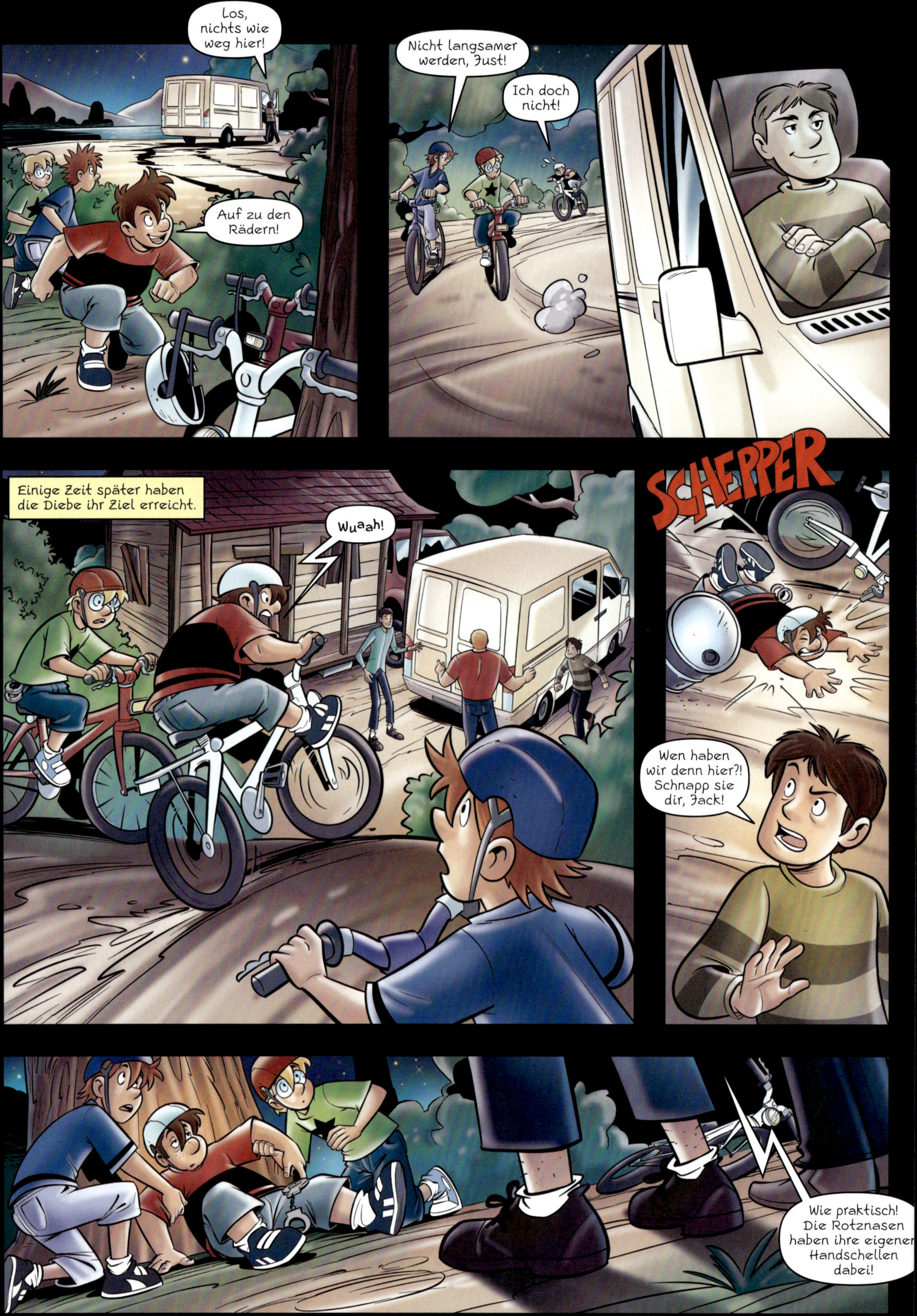

Los, nichts wie weg hier!
Auf zu den Rädern!
Nicht langsamer werden, Just!
Ich doch nicht!
Einige Zeit später haben die Diebe ihr Ziel erreicht.
Wuaah!
SCHEPPER
Wen haben wir denn hier?! Schnapp sie dir, Jack!
Wie praktisch! Die Rotznasen haben ihre eigenen Handschellen dabei!

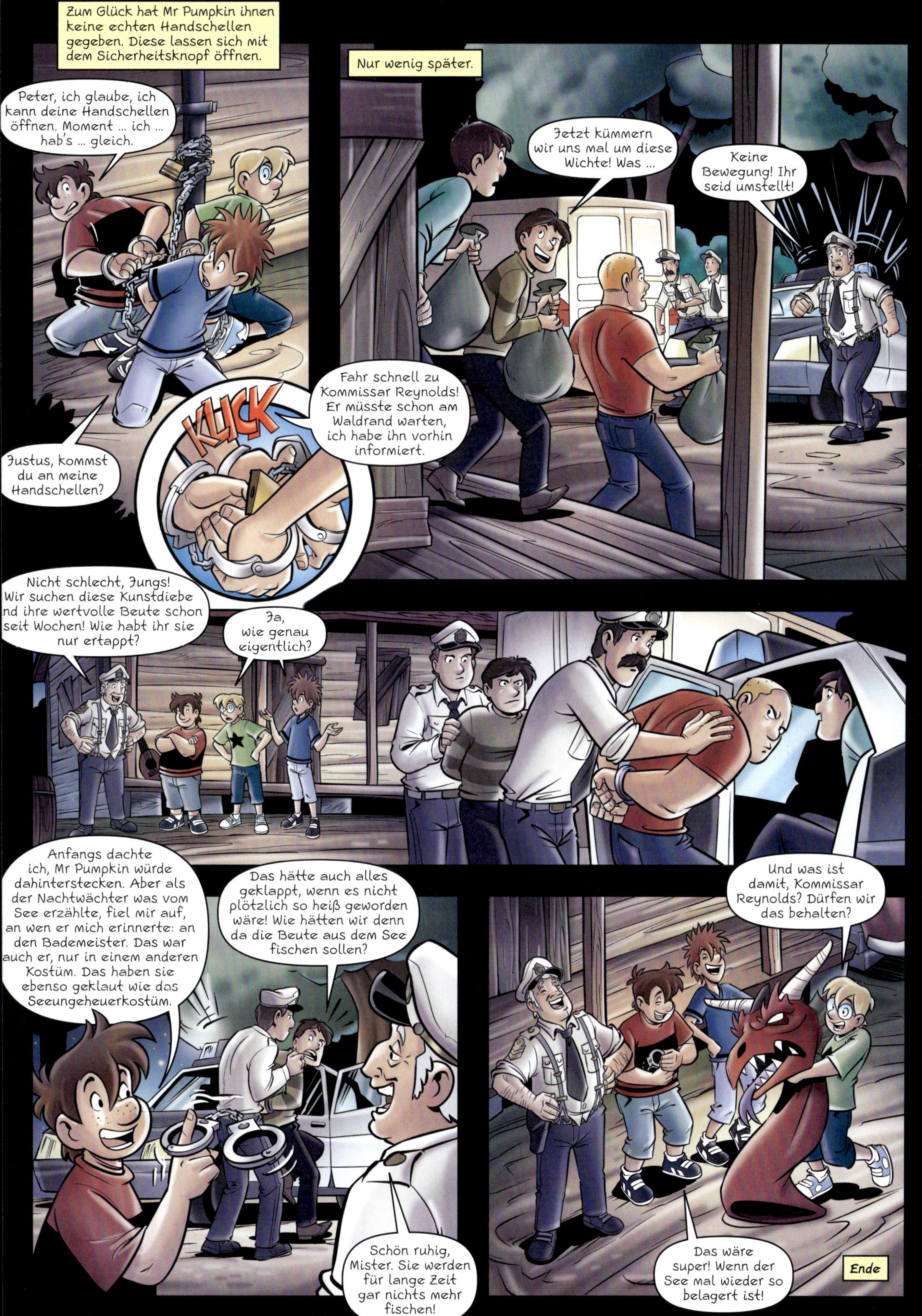

Zum Glück hat Mr Pumpkin ihnen keine echten Handschellen gegeben. Diese lassen sich mit dem Sicherheitsknopf öffnen.
Peter, ich glaube, ich kann deine Handschellen öffnen. Moment … ich … hab's … gleich.
Justus, kommst du an meine Handschellen?
KLICK
Fahr schnell zu Kommissar Reynolds! Er müsste schon am Waldrand warten, ich habe ihn vorhin informiert.
Nur wenig später.
Jetzt kümmern wir uns mal um diese Wichte! Was …
Keine Bewegung! Ihr seid umstellt!
Nicht schlecht, Jungs! Wir suchen diese Kunstdiebe nd ihre wertvolle Beute schon seit Wochen! Wie habt ihr sie nur ertappt?
Ja, wie genau eigentlich?
Anfangs dachte ich, Mr Pumpkin würde dahinterstecken. Aber als der Nachtwächter was vom See erzählte, fiel mir auf, an wen er mich erinnerte: an den Bademeister. Das war auch er, nur in einem anderen Kostüm. Das haben sie ebenso geklaut wie das Seeungeheuerkostüm.
Das hätte auch alles geklappt, wenn es nicht plötzlich so heiß geworden wäre! Wie hätten wir denn da die Beute aus dem See fischen sollen?
Schön ruhig, Mister. Sie werden für lange Zeit gar nichts mehr fischen!
Und was ist damit, Kommissar Reynolds? Dürfen wir das behalten?
Das wäre super! Wenn der See mal wieder so belagert ist!
Ende

Der geheimnisvolle Zirkus

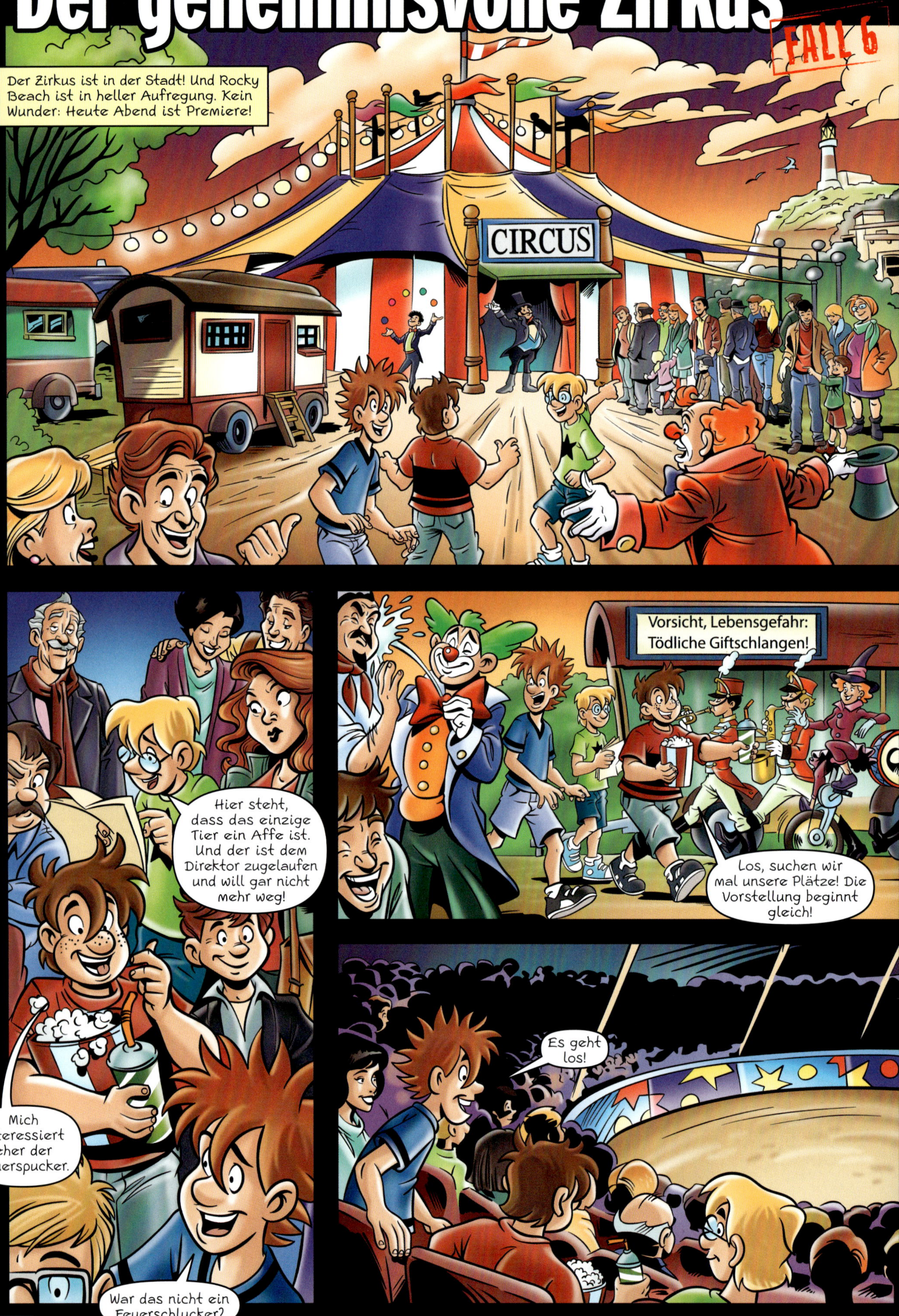

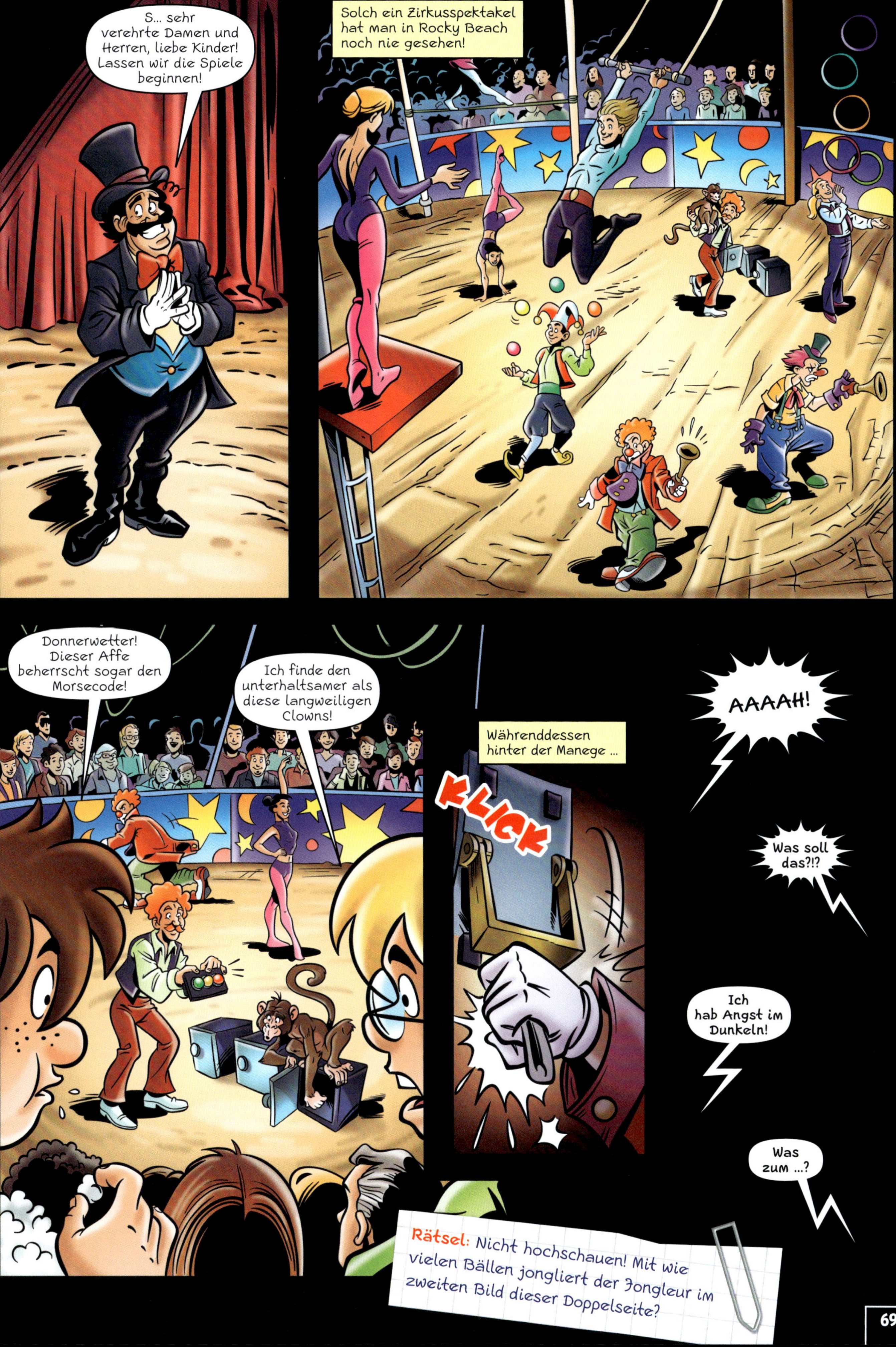
S… sehr verehrte Damen und Herren, liebe Kinder! Lassen wir die Spiele beginnen!
Solch ein Zirkusspektakel hat man in Rocky Beach noch nie gesehen!
Donnerwetter! Dieser Affe beherrscht sogar den Morsecode!
Ich finde den unterhaltsamer als diese langweiligen Clowns!
Währenddessen hinter der Manege …
KLICK
AAAAH!
Was soll das?!?
Ich hab Angst im Dunkeln!
Was zum …?
Rätsel: Nicht hochschauen! Mit wie vielen Bällen jongliert der Jongleur im zweiten Bild dieser Doppelseite?

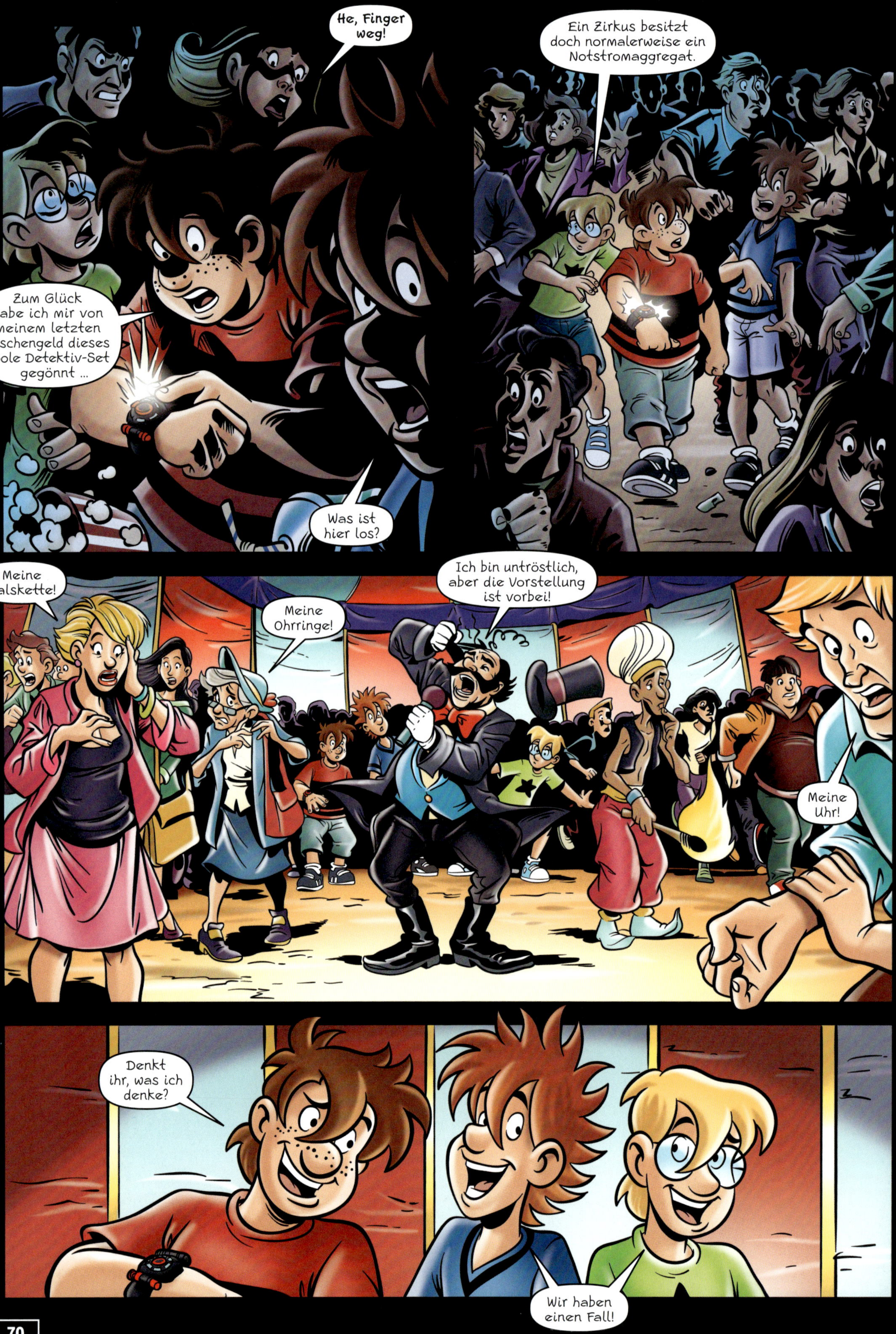
He, Finger weg!
Zum Glück habe ich mir von meinem letzten Taschengeld dieses coole Detektiv-Set gegönnt ...
Was ist hier los?
Ein Zirkus besitzt doch normalerweise ein Notstromaggregat.
Meine Halskette!
Meine Ohrringe!
Ich bin untröstlich, aber die Vorstellung ist vorbei!
Meine Uhr!
Denkt ihr, was ich denke?
Wir haben einen Fall!

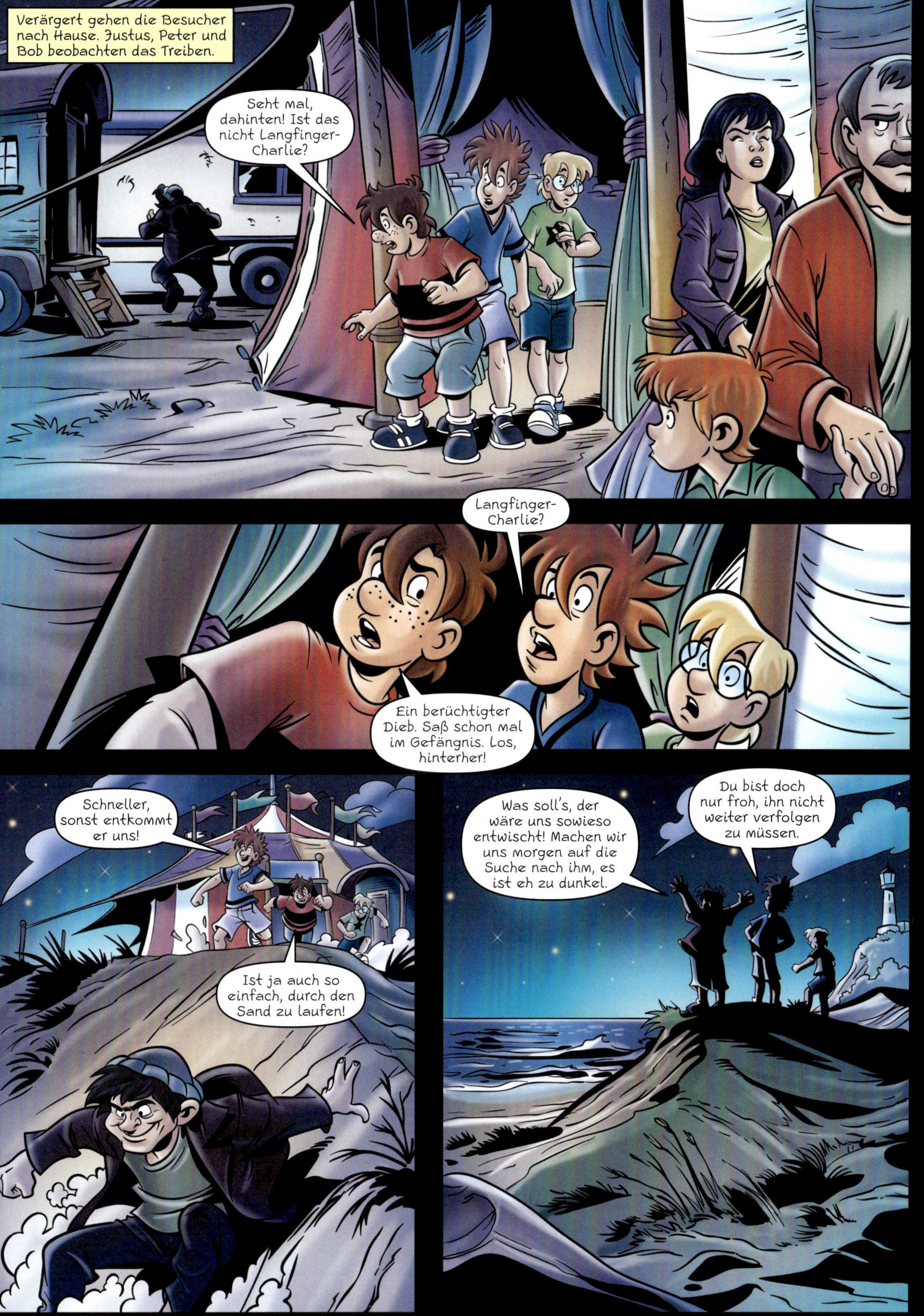

Verärgert gehen die Besucher nach Hause. Justus, Peter und Bob beobachten das Treiben.
Seht mal, dahinten! Ist das nicht Langfinger-Charlie?
Langfinger-Charlie?
Ein berüchtigter Dieb. Saß schon mal im Gefängnis. Los, hinterher!
Schneller, sonst entkommt er uns!
Ist ja auch so einfach, durch den Sand zu laufen!
Was soll's, der wäre uns sowieso entwischt! Machen wir uns morgen auf die Suche nach ihm, es ist eh zu dunkel.
Du bist doch nur froh, ihn nicht weiter verfolgen zu müssen.

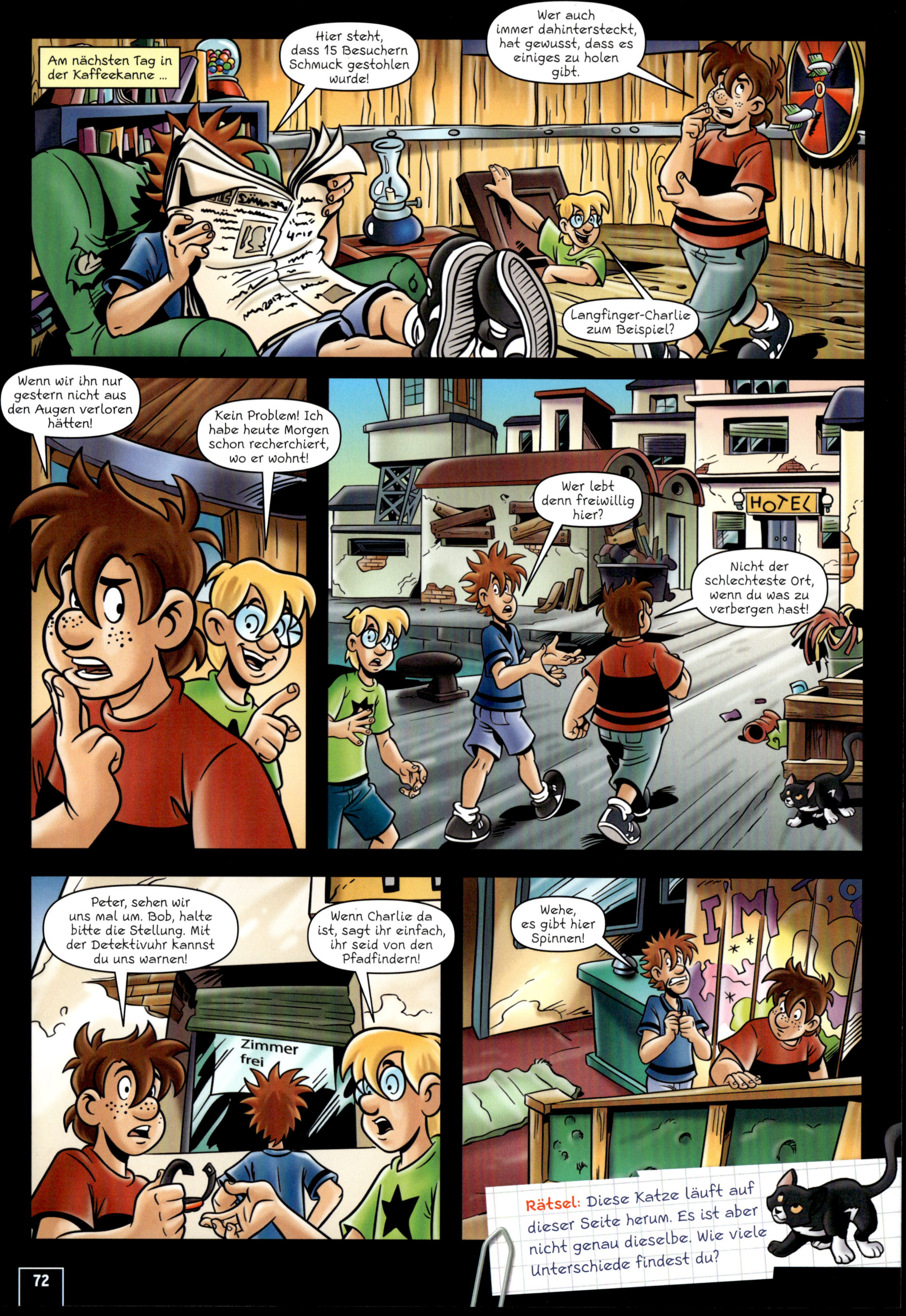
Am nächsten Tag in der Kaffeekanne ...
Hier steht, dass 15 Besuchern Schmuck gestohlen wurde!
Wer auch immer dahintersteckt, hat gewusst, dass es einiges zu holen gibt.
Langfinger-Charlie zum Beispiel?
Wenn wir ihn nur gestern nicht aus den Augen verloren hätten!
Kein Problem! Ich habe heute Morgen schon recherchiert, wo er wohnt!
Wer lebt denn freiwillig hier?
HOTEL
Nicht der schlechteste Ort, wenn du was zu verbergen hast!
Peter, sehen wir uns mal um. Bob, halte bitte die Stellung. Mit der Detektivuhr kannst du uns warnen!
Wenn Charlie da ist, sagt ihr einfach, ihr seid von den Pfadfindern!
Zimmer frei
Wehe, es gibt hier Spinnen!
Rätsel: Diese Katze läuft auf dieser Seite herum. Es ist aber nicht genau dieselbe. Wie viele Unterschiede findest du?

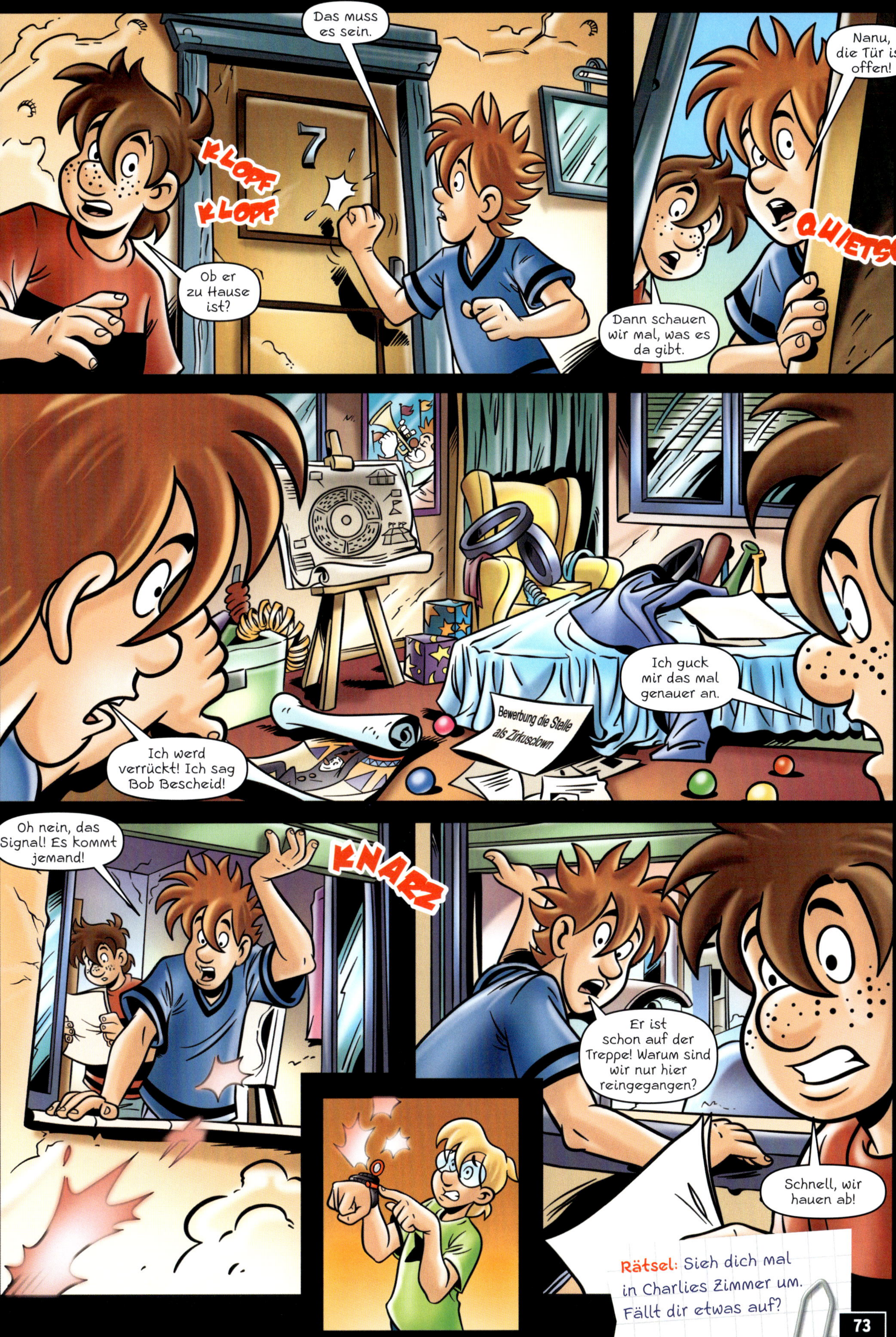

Rätsel: Sieh dich mal in Charlies Zimmer um. Fällt dir etwas auf?

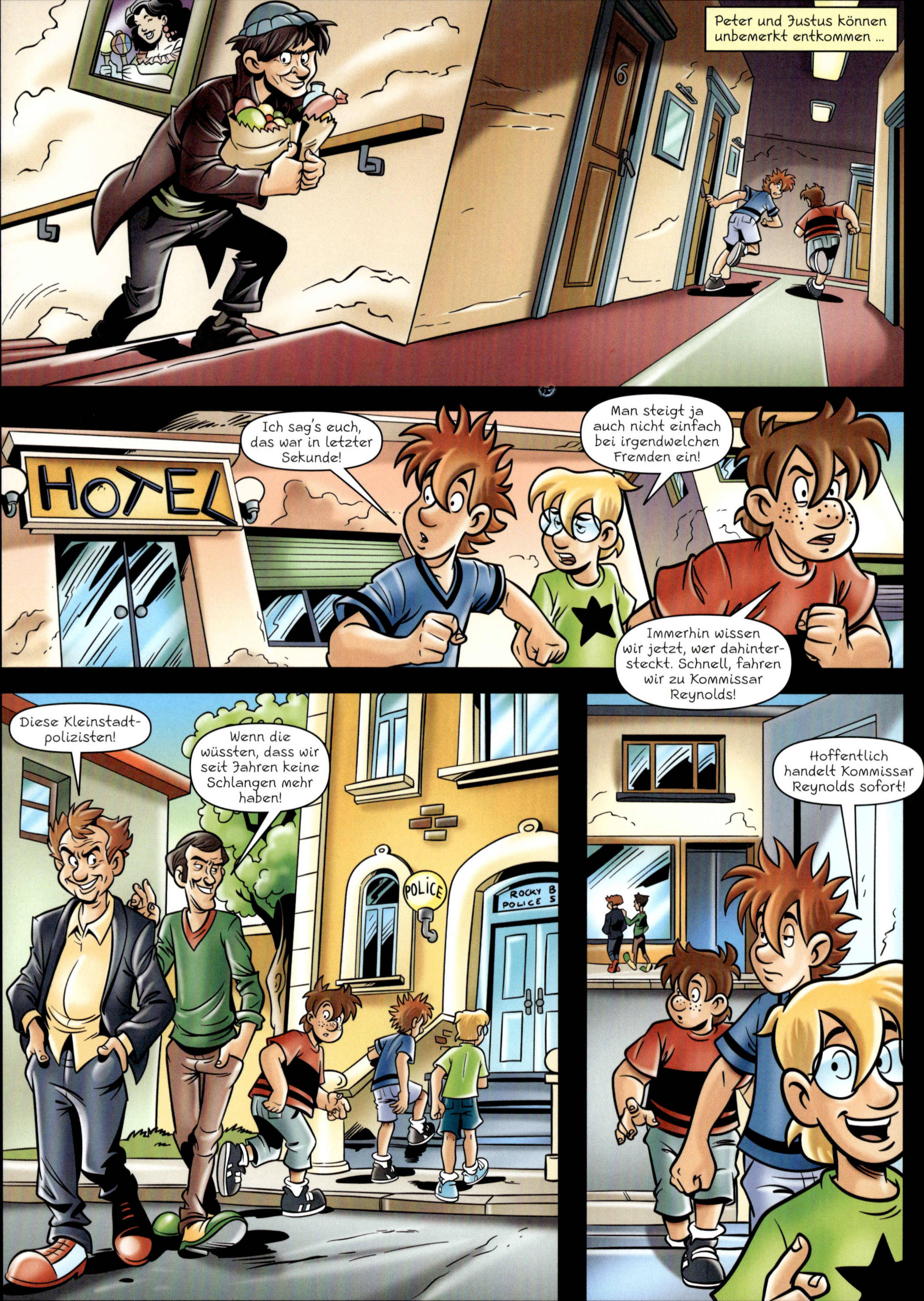

Peter und Justus können unbemerkt entkommen ...
6
HOTEL
Ich sag's euch, das war in letzter Sekunde!
Man steigt ja auch nicht einfach bei irgendwelchen Fremden ein!
Immerhin wissen wir jetzt, wer dahintersteckt. Schnell, fahren wir zu Kommissar Reynolds!
Diese Kleinstadtpolizisten!
Wenn die wüssten, dass wir seit Jahren keine Schlangen mehr haben!
POLICE
Hoffentlich handelt Kommissar Reynolds sofort!

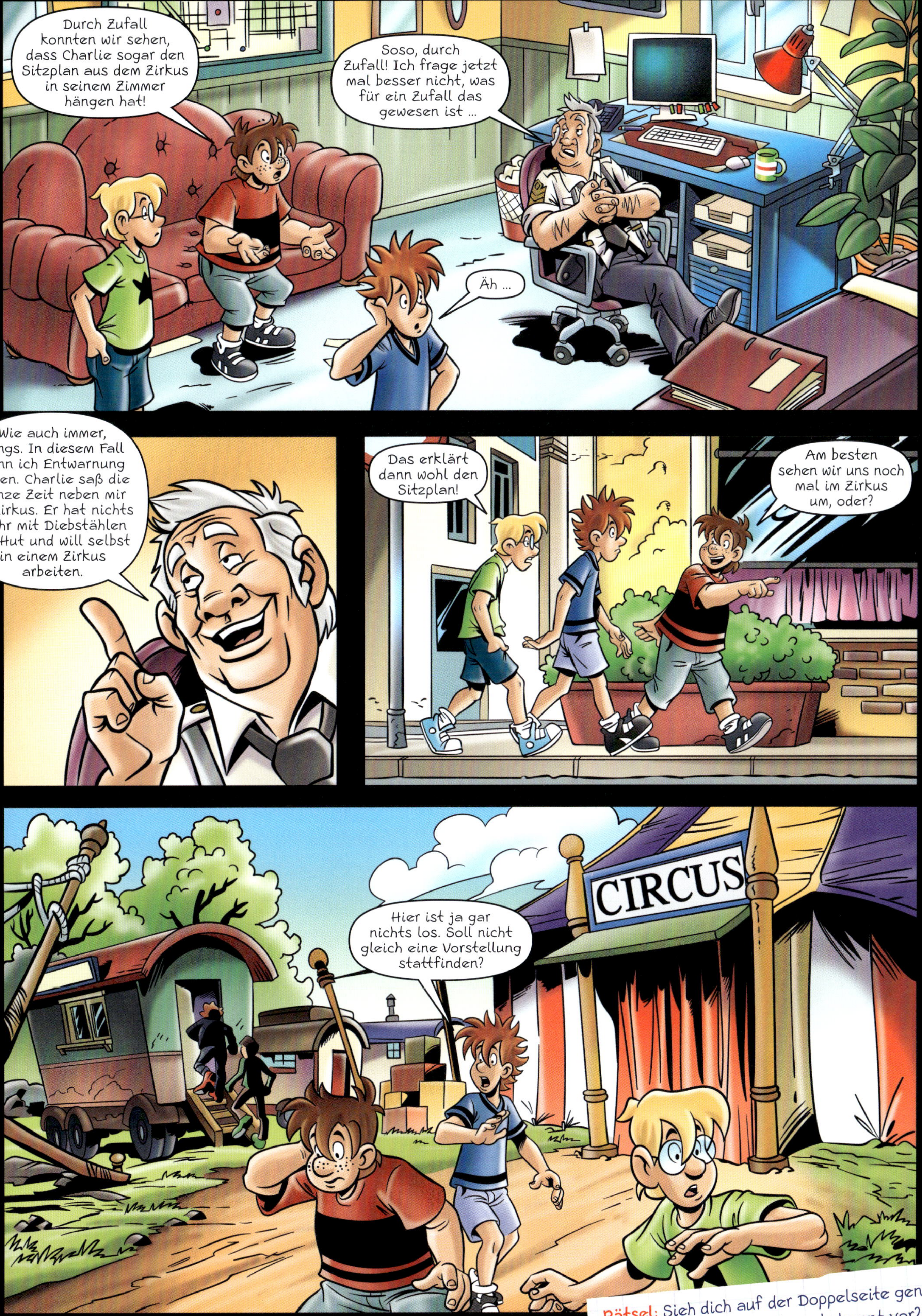

Rätsel: Sieh dich auf der Doppelseite genau um. Kommt dir irgendetwas bekannt vor?

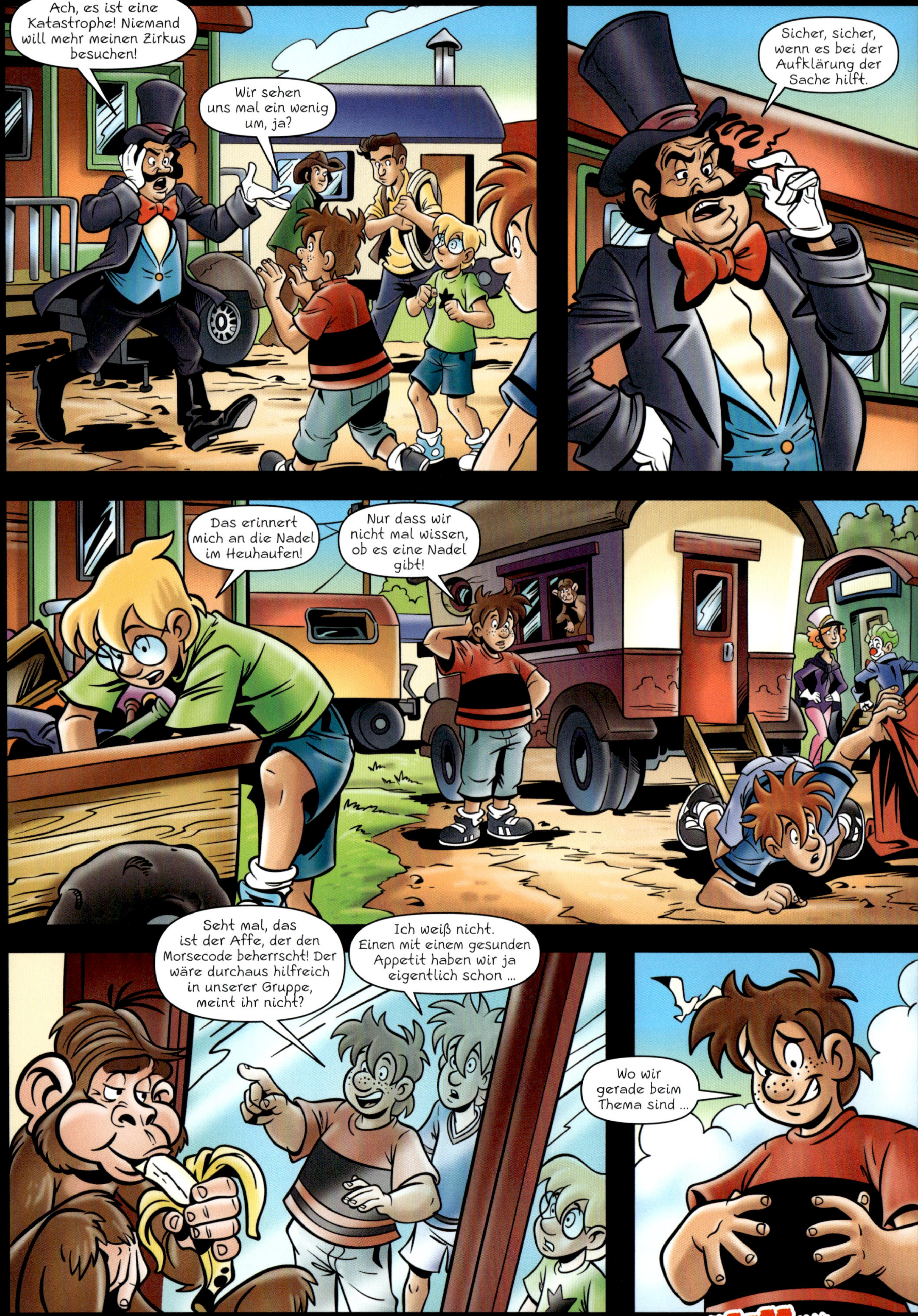
Ach, es ist eine Katastrophe! Niemand will mehr meinen Zirkus besuchen!
Wir sehen uns mal ein wenig um, ja?
Sicher, sicher, wenn es bei der Aufklärung der Sache hilft.
Das erinnert mich an die Nadel im Heuhaufen!
Nur dass wir nicht mal wissen, ob es eine Nadel gibt!
Seht mal, das ist der Affe, der den Morsecode beherrscht! Der wäre durchaus hilfreich in unserer Gruppe, meint ihr nicht?
Ich weiß nicht. Einen mit einem gesunden Appetit haben wir ja eigentlich schon ...
Wo wir gerade beim Thema sind ...
KNURRRR.....

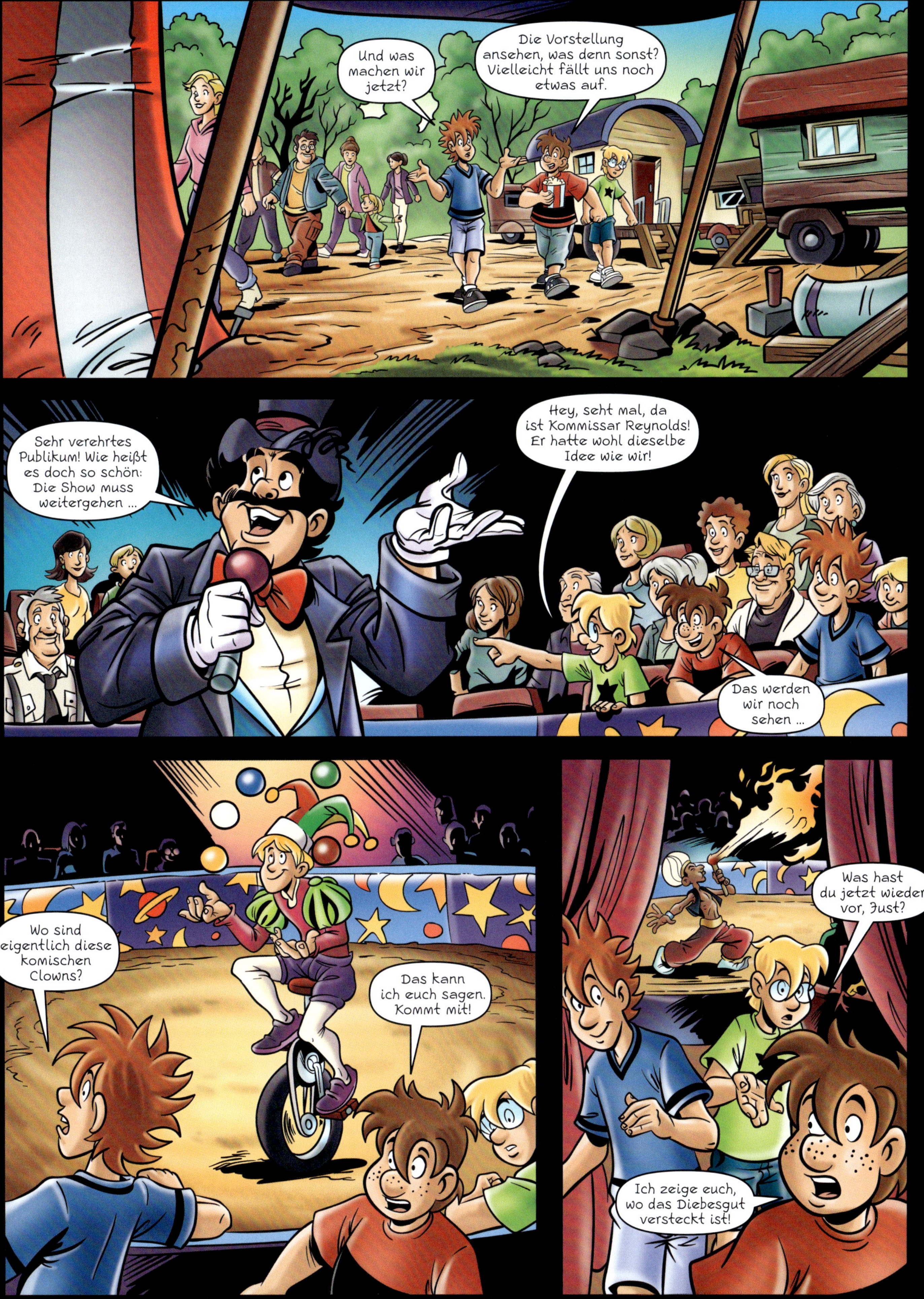
Und was machen wir jetzt?
Die Vorstellung ansehen, was denn sonst? Vielleicht fällt uns noch etwas auf.
Sehr verehrtes Publikum! Wie heißt es doch so schön: Die Show muss weitergehen …
Hey, seht mal, da ist Kommissar Reynolds! Er hatte wohl dieselbe Idee wie wir!
Das werden wir noch sehen …
Wo sind eigentlich diese komischen Clowns?
Das kann ich euch sagen. Kommt mit!
Was hast du jetzt wieder vor, Just?
Ich zeige euch, wo das Diebesgut versteckt ist!

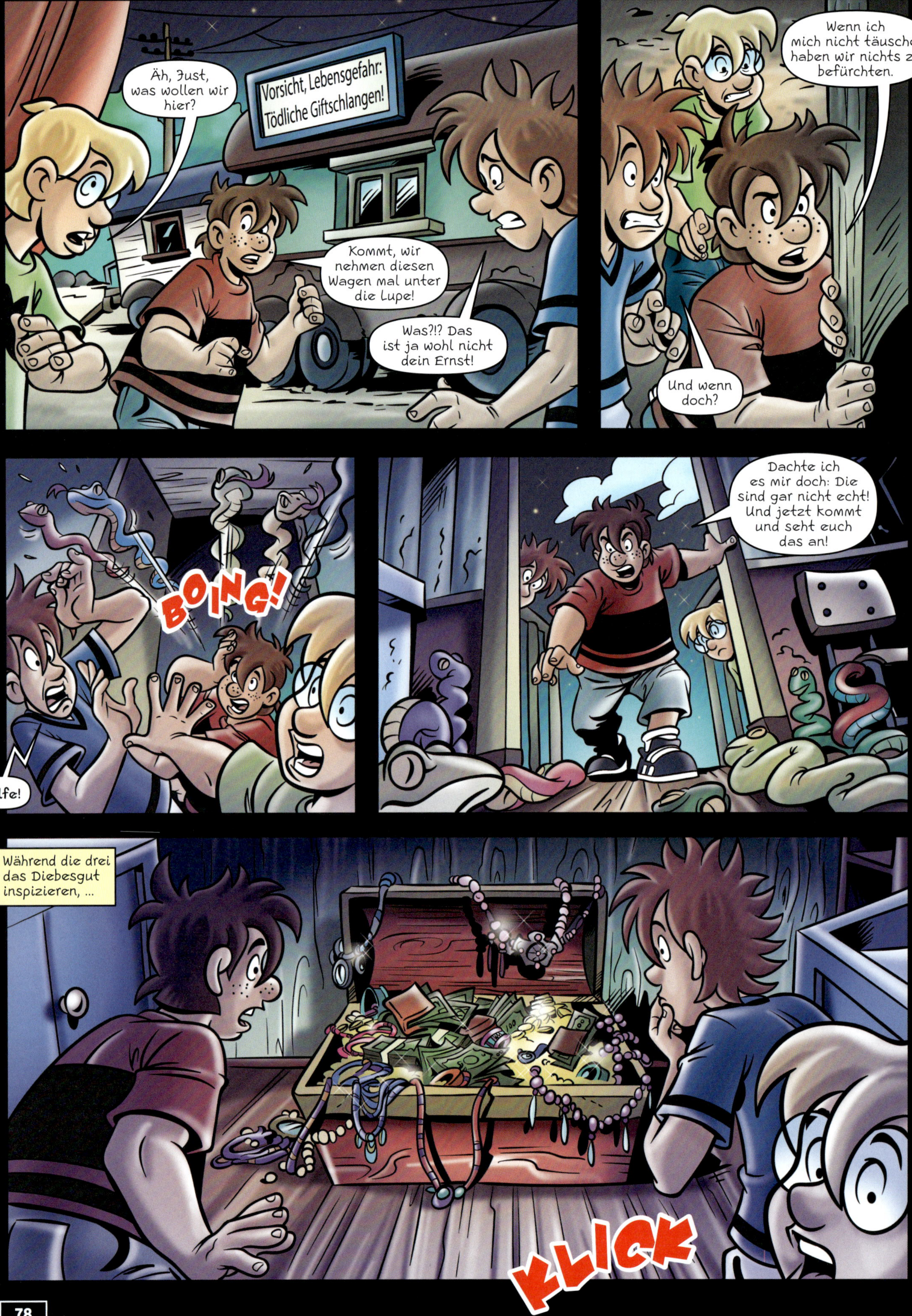
Äh, Just, was wollen wir hier?
Vorsicht, Lebensgefahr: Tödliche Giftschlangen!
Kommt, wir nehmen diesen Wagen mal unter die Lupe!
Was?!? Das ist ja wohl nicht dein Ernst!
Wenn ich mich nicht täusche, haben wir nichts zu befürchten.
Und wenn doch?
BOING!
Hilfe!
Dachte ich es mir doch: Die sind gar nicht echt! Und jetzt kommt und seht euch das an!
Während die drei das Diebesgut inspizieren, ...
KLICK

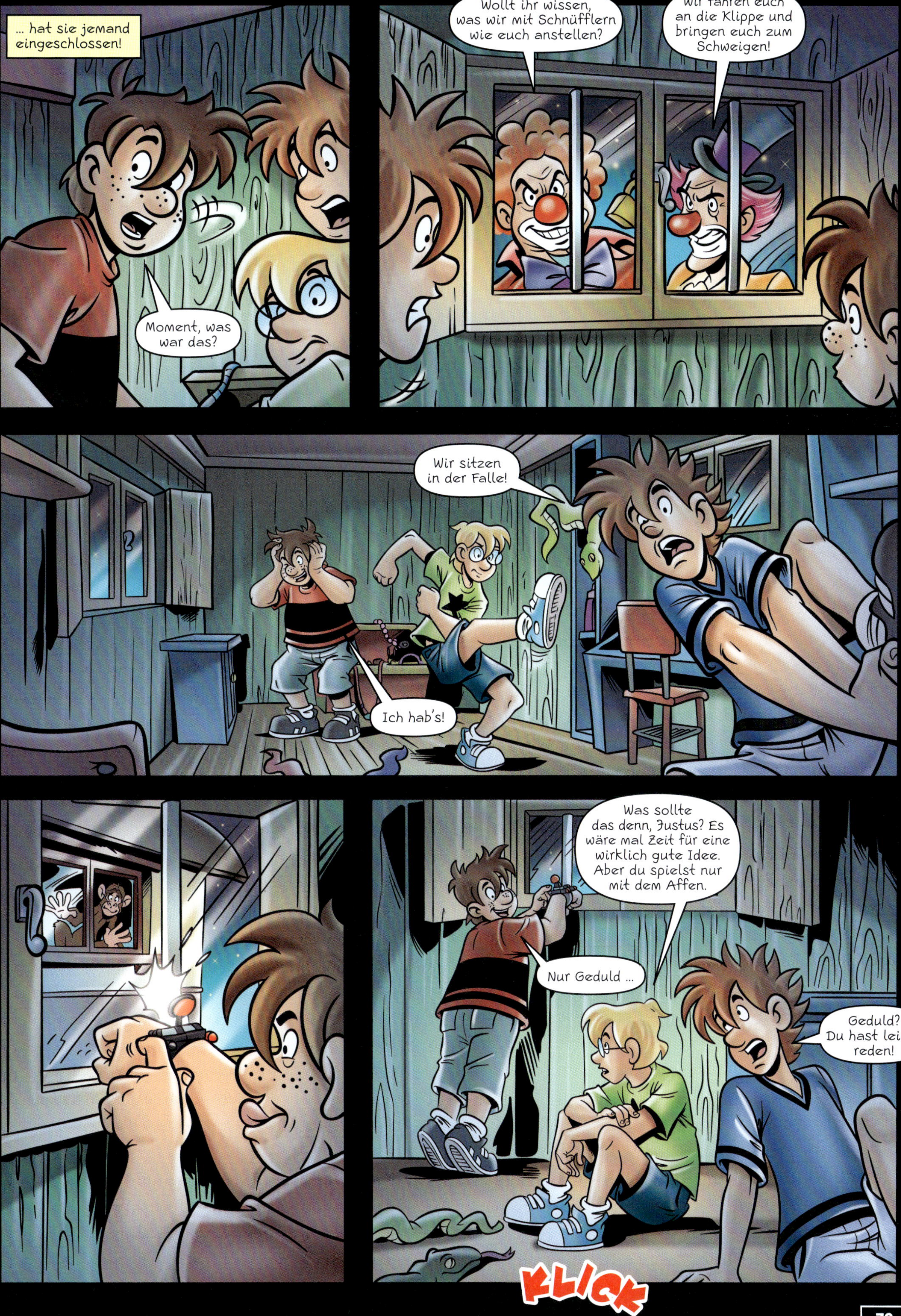
... hat sie jemand eingeschlossen!
Moment, was war das?
Wollt ihr wissen, was wir mit Schnüfflern wie euch anstellen?
Wir fahren euch an die Klippe und bringen euch zum Schweigen!
Wir sitzen in der Falle!
Ich hab's!
Was sollte das denn, Justus? Es wäre mal Zeit für eine wirklich gute Idee. Aber du spielst nur mit dem Affen.
Nur Geduld ...
Geduld? Du hast leicht reden!
KLICK

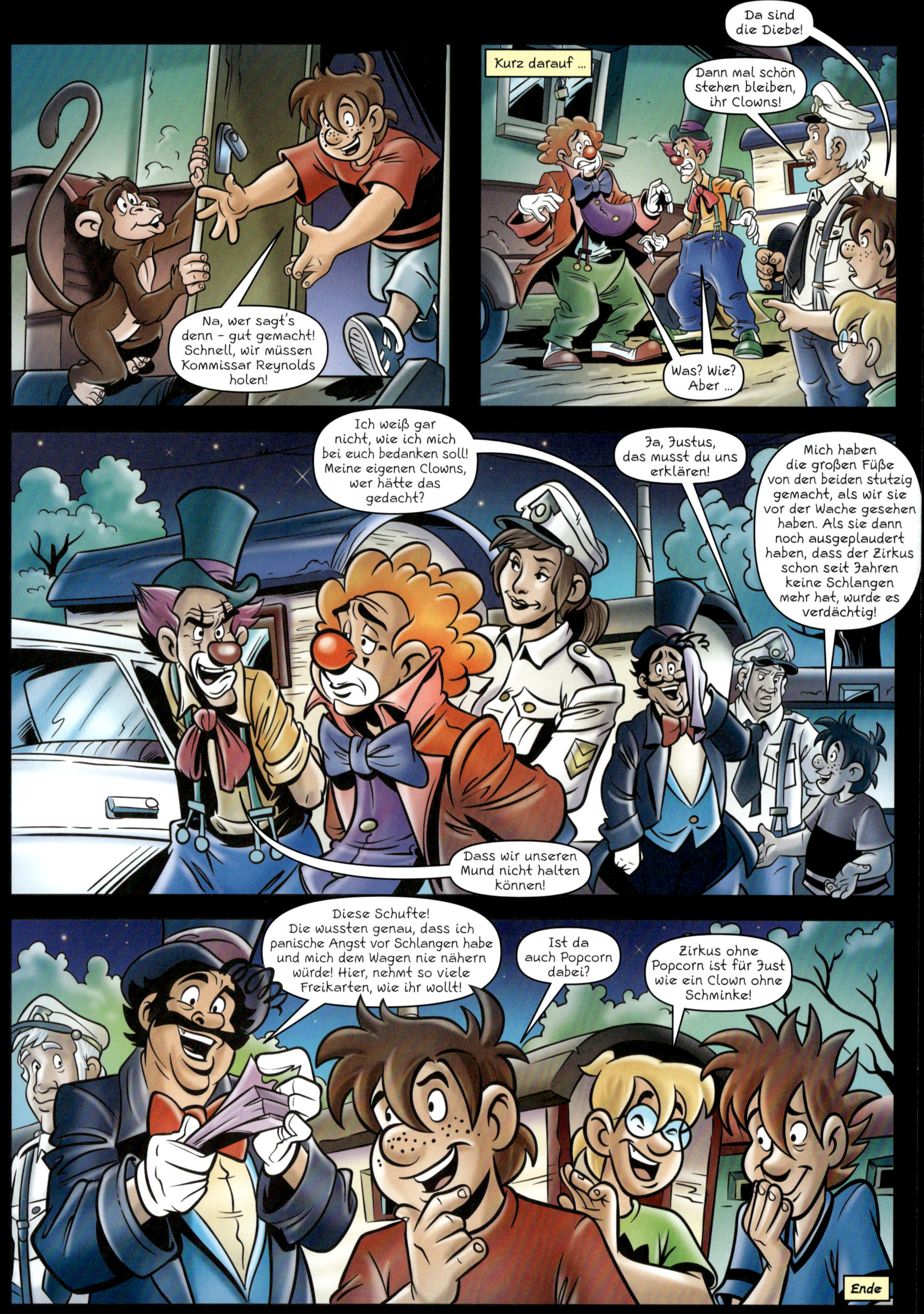

Na, wer sagt's denn – gut gemacht! Schnell, wir müssen Kommissar Reynolds holen!
Kurz darauf ...
Da sind die Diebe!
Dann mal schön stehen bleiben, ihr Clowns!
Was? Wie? Aber ...
Ich weiß gar nicht, wie ich mich bei euch bedanken soll! Meine eigenen Clowns, wer hätte das gedacht?
Ja, Justus, das musst du uns erklären!
Mich haben die großen Füße von den beiden stutzig gemacht, als wir sie vor der Wache gesehen haben. Als sie dann noch ausgeplaudert haben, dass der Zirkus schon seit Jahren keine Schlangen mehr hat, wurde es verdächtig!
Dass wir unseren Mund nicht halten können!
Diese Schufte! Die wussten genau, dass ich panische Angst vor Schlangen habe und mich dem Wagen nie nähern würde! Hier, nehmt so viele Freikarten, wie ihr wollt!
Ist da auch Popcorn dabei?
Zirkus ohne Popcorn ist für Just wie ein Clown ohne Schminke!
Ende

Fälschern auf der Spur!

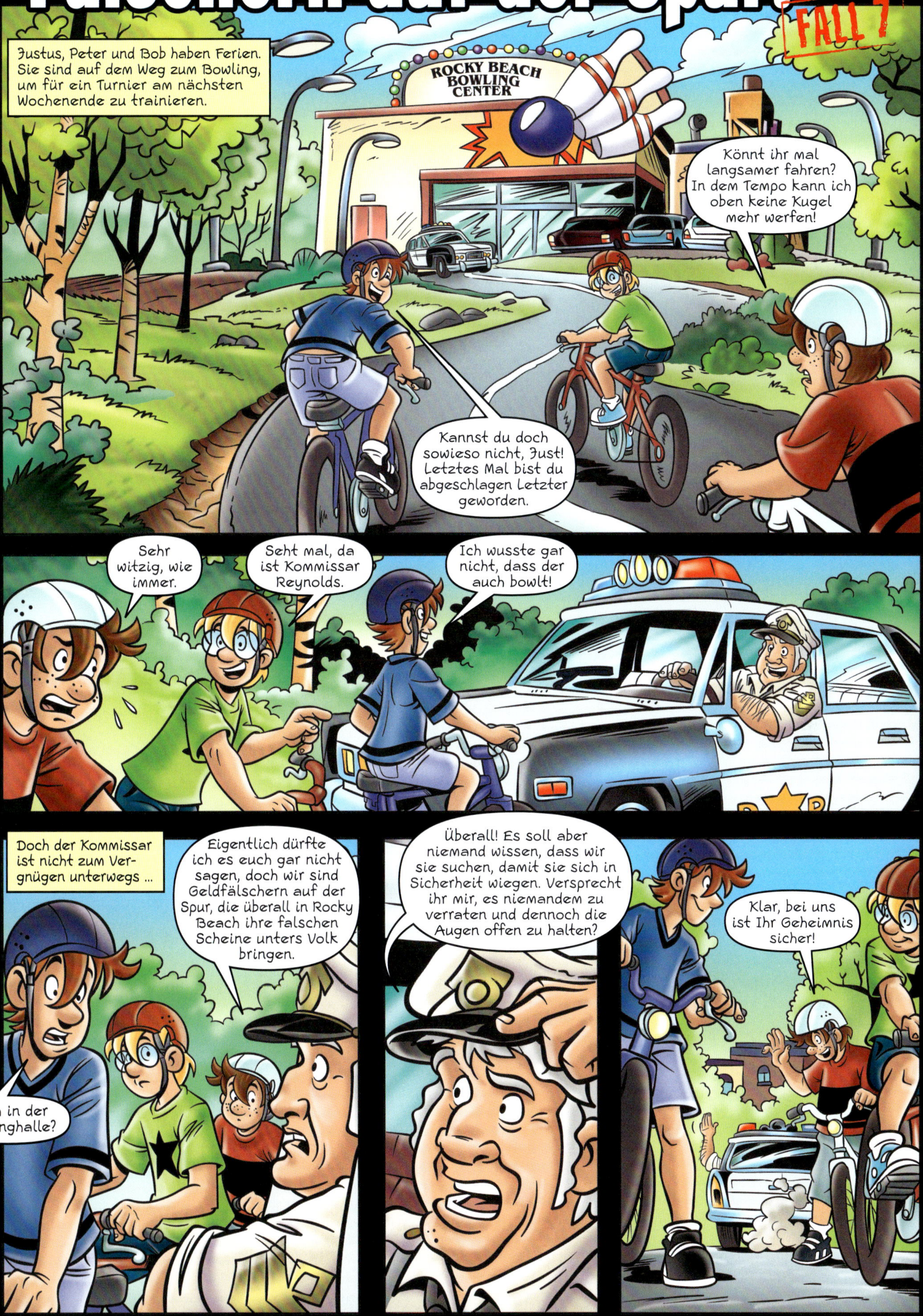

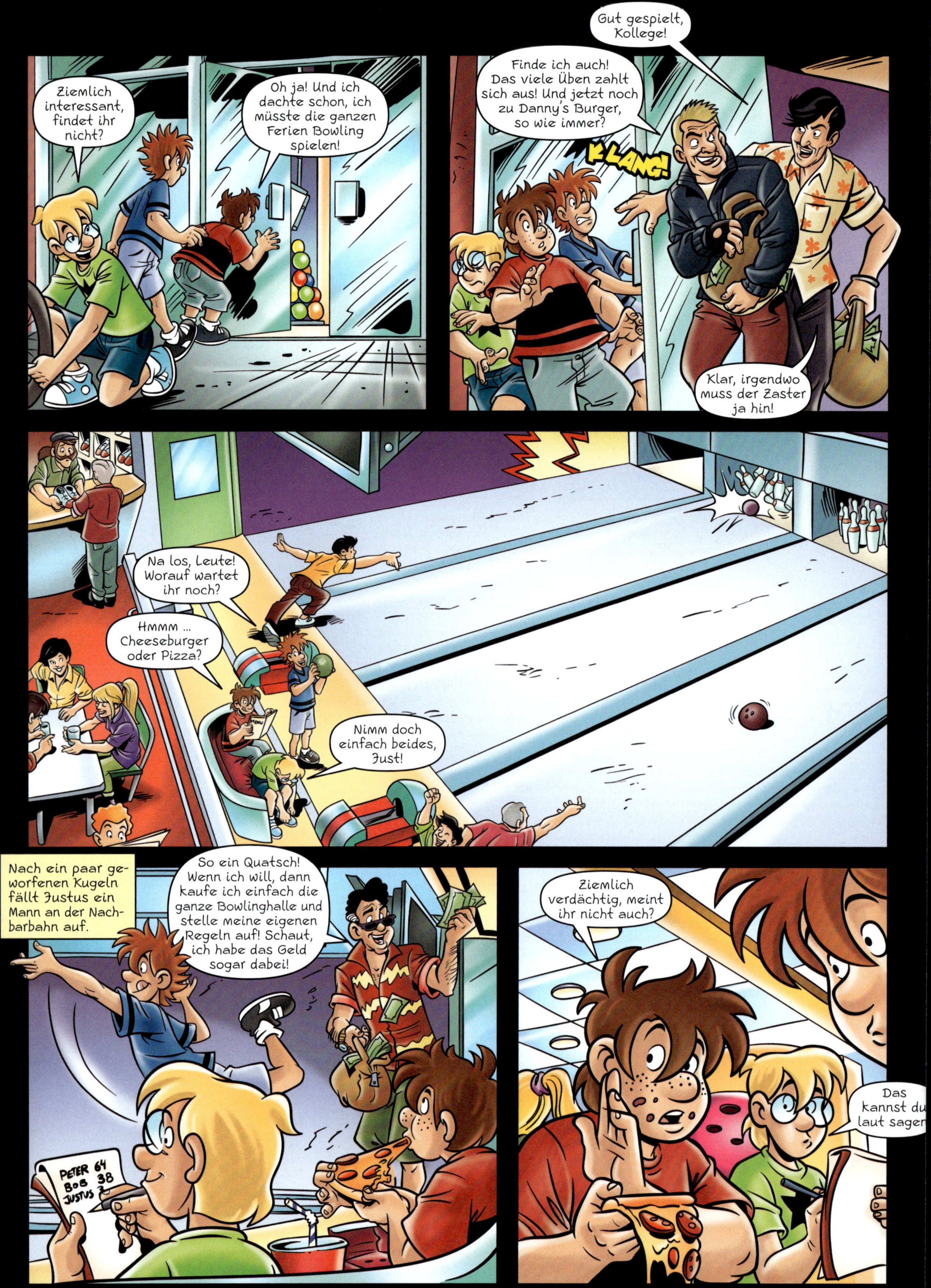

Ziemlich interessant, findet ihr nicht?
Oh ja! Und ich dachte schon, ich müsste die ganzen Ferien Bowling spielen!
Gut gespielt, Kollege!
Finde ich auch! Das viele Üben zahlt sich aus! Und jetzt noch zu Danny's Burger, so wie immer?
KLANG!
Klar, irgendwo muss der Zaster ja hin!
Na los, Leute! Worauf wartet ihr noch?
Hmmm ... Cheeseburger oder Pizza?
Nimm doch einfach beides, Just!
Nach ein paar geworfenen Kugeln fällt Justus ein Mann an der Nachbarbahn auf.
So ein Quatsch! Wenn ich will, dann kaufe ich einfach die ganze Bowlinghalle und stelle meine eigenen Regeln auf! Schaut, ich habe das Geld sogar dabei!
PETER 64
BOB 38
JUSTUS
Ziemlich verdächtig, meint ihr nicht auch?
Das kannst du laut sagen

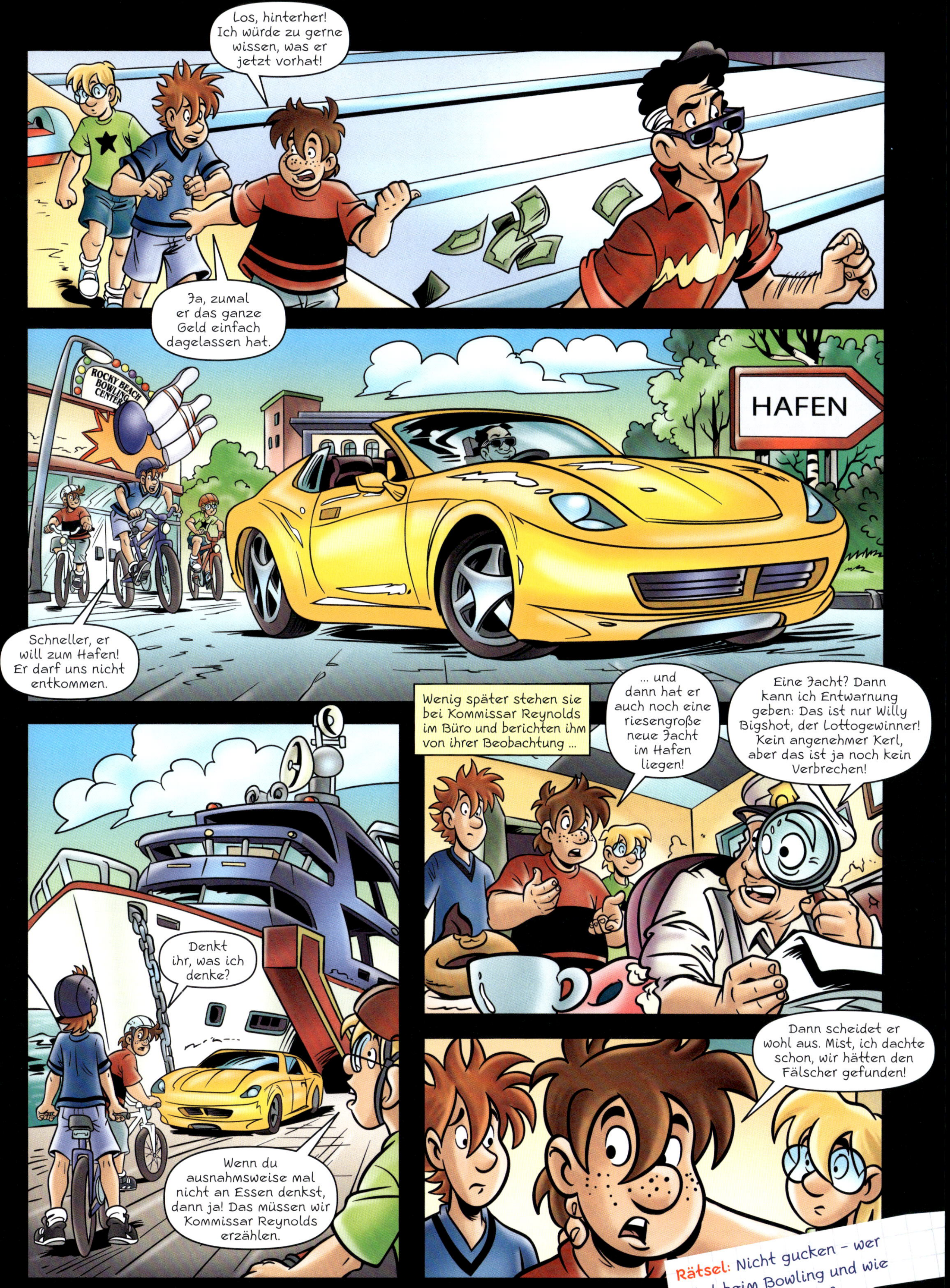

Rätsel: Nicht gucken – wer führt beim Bowling und wie viele Punkte hat er?

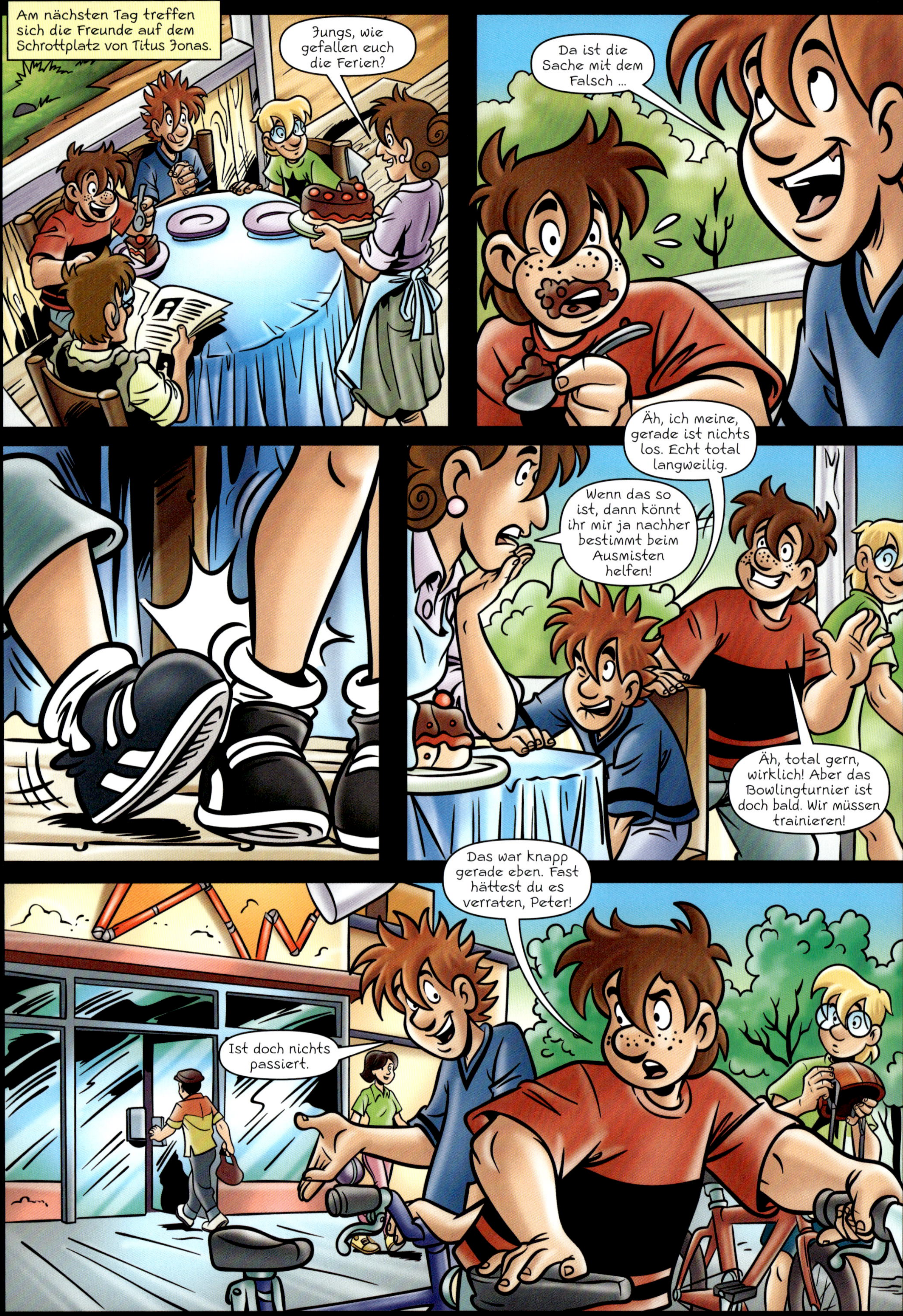

Am nächsten Tag treffen sich die Freunde auf dem Schrottplatz von Titus Jonas.
Jungs, wie gefallen euch die Ferien?
Da ist die Sache mit dem Falsch ...
Äh, ich meine, gerade ist nichts los. Echt total langweilig.
Wenn das so ist, dann könnt ihr mir ja nachher bestimmt beim Ausmisten helfen!
Äh, total gern, wirklich! Aber das Bowlingturnier ist doch bald. Wir müssen trainieren!
Das war knapp gerade eben. Fast hättest du es verraten, Peter!
Ist doch nichts passiert.

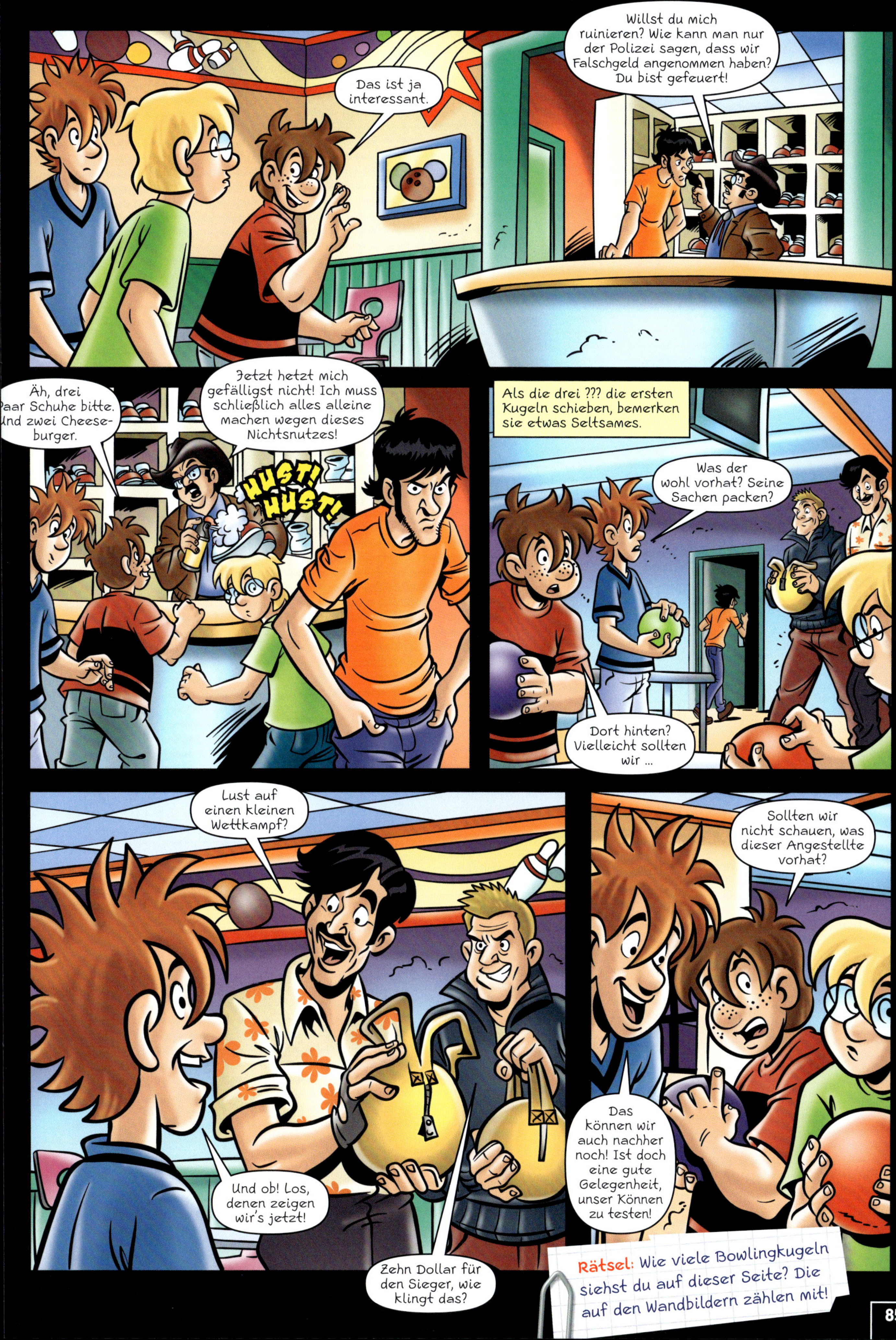
Das ist ja interessant.
Willst du mich ruinieren? Wie kann man nur der Polizei sagen, dass wir Falschgeld angenommen haben? Du bist gefeuert!
Äh, drei Paar Schuhe bitte. Und zwei Cheeseburger.
Jetzt hetzt mich gefälligst nicht! Ich muss schließlich alles alleine machen wegen dieses Nichtsnutzes!
HUST! HUST!
Als die drei ??? die ersten Kugeln schieben, bemerken sie etwas Seltsames.
Was der wohl vorhat? Seine Sachen packen?
Dort hinten? Vielleicht sollten wir ...
Lust auf einen kleinen Wettkampf?
Und ob! Los, denen zeigen wir's jetzt!
Zehn Dollar für den Sieger, wie klingt das?
Sollten wir nicht schauen, was dieser Angestellte vorhat?
Das können wir auch nachher noch! Ist doch eine gute Gelegenheit, unser Können zu testen!
Rätsel: Wie viele Bowlingkugeln siehst du auf dieser Seite? Die auf den Wandbildern zählen mit!

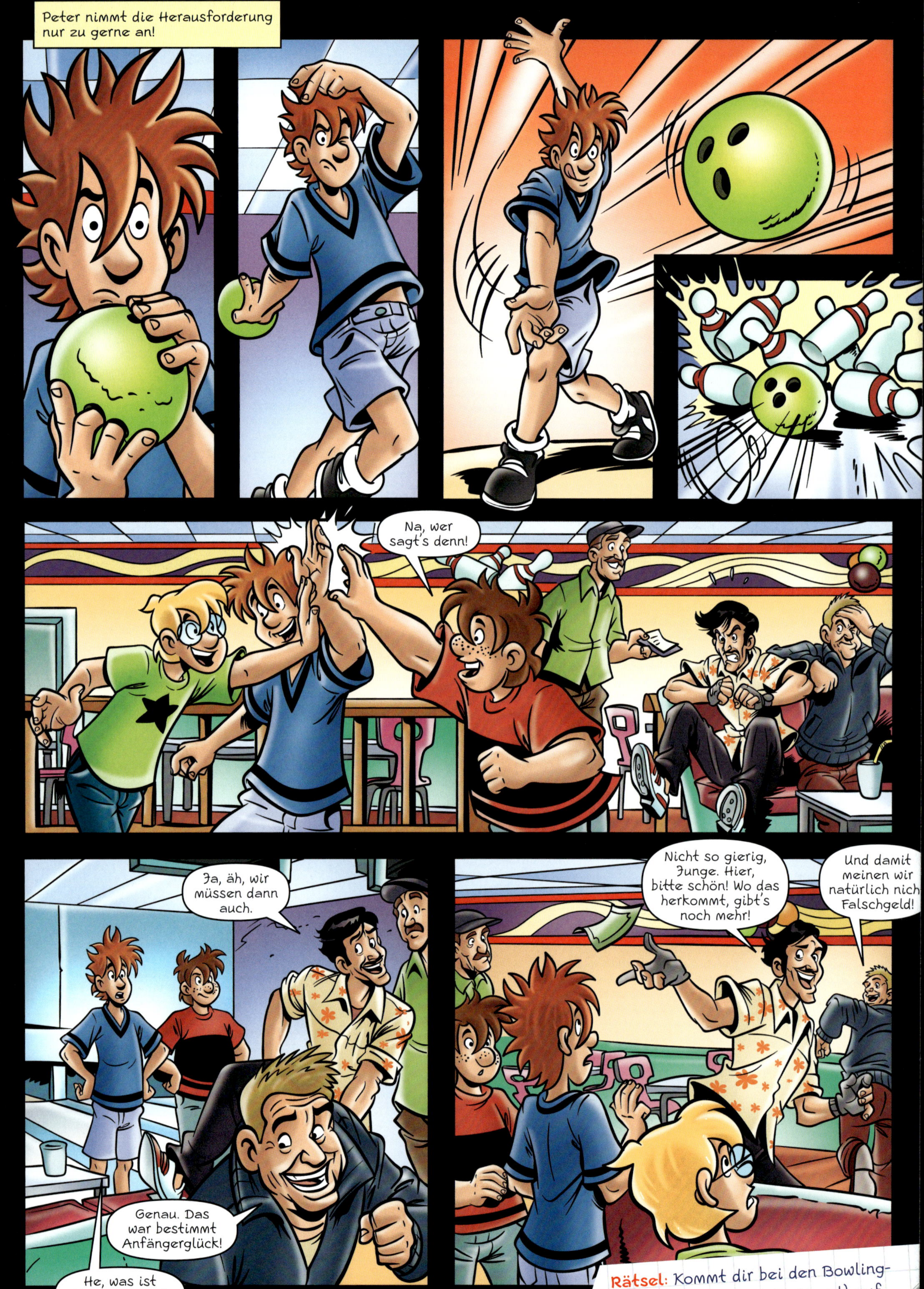

Rätsel: Kommt dir bei den Bowling-Pins (so nennt man die Kegel) auf dieser Seite etwas merkwürdig vor?

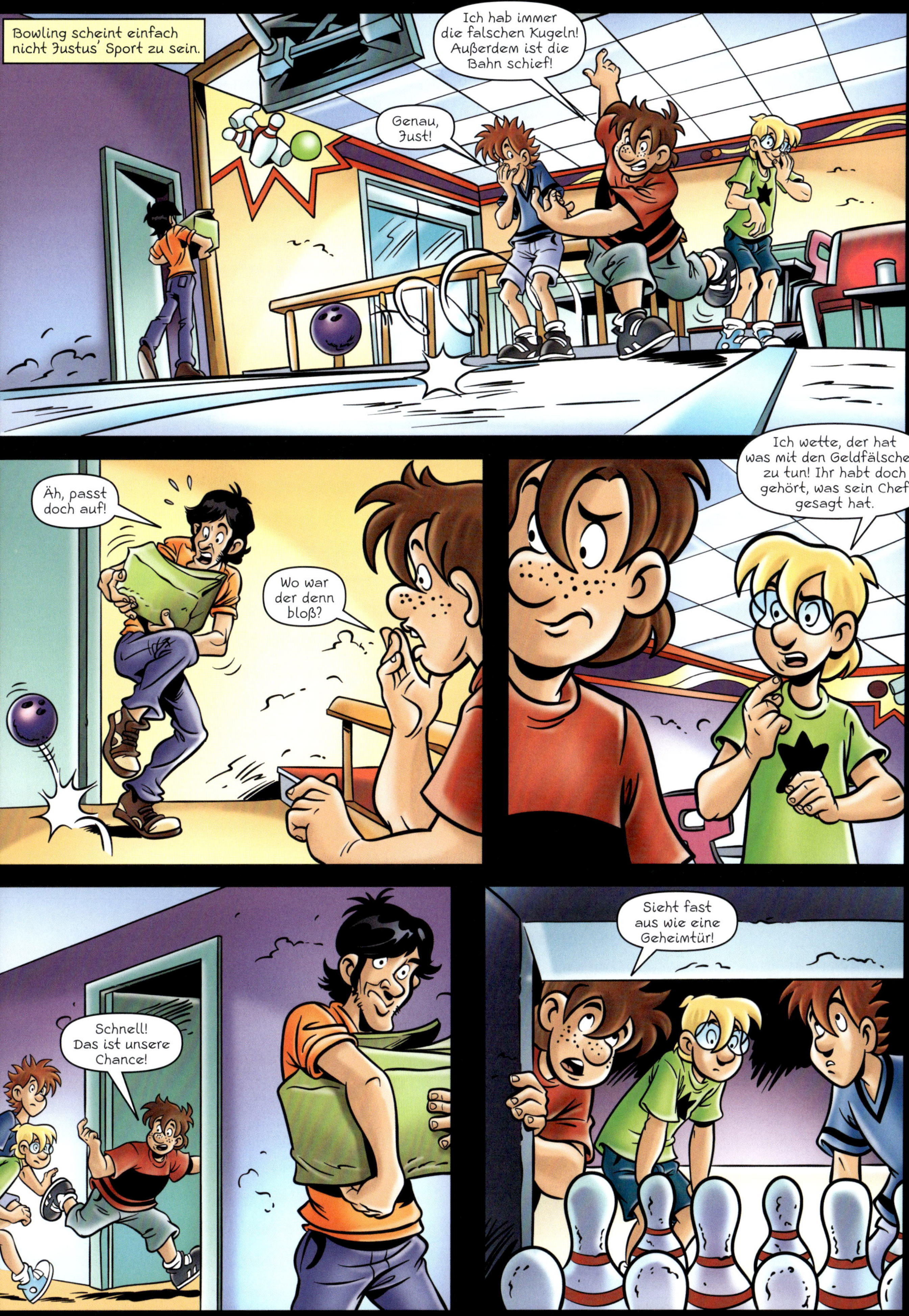

Bowling scheint einfach nicht Justus' Sport zu sein.
Ich hab immer die falschen Kugeln! Außerdem ist die Bahn schief!
Genau, Just!
Äh, passt doch auf!
Wo war der denn bloß?
Ich wette, der hat was mit den Geldfälschern zu tun! Ihr habt doch gehört, was sein Chef gesagt hat.
Schnell! Das ist unsere Chance!
Sieht fast aus wie eine Geheimtür!

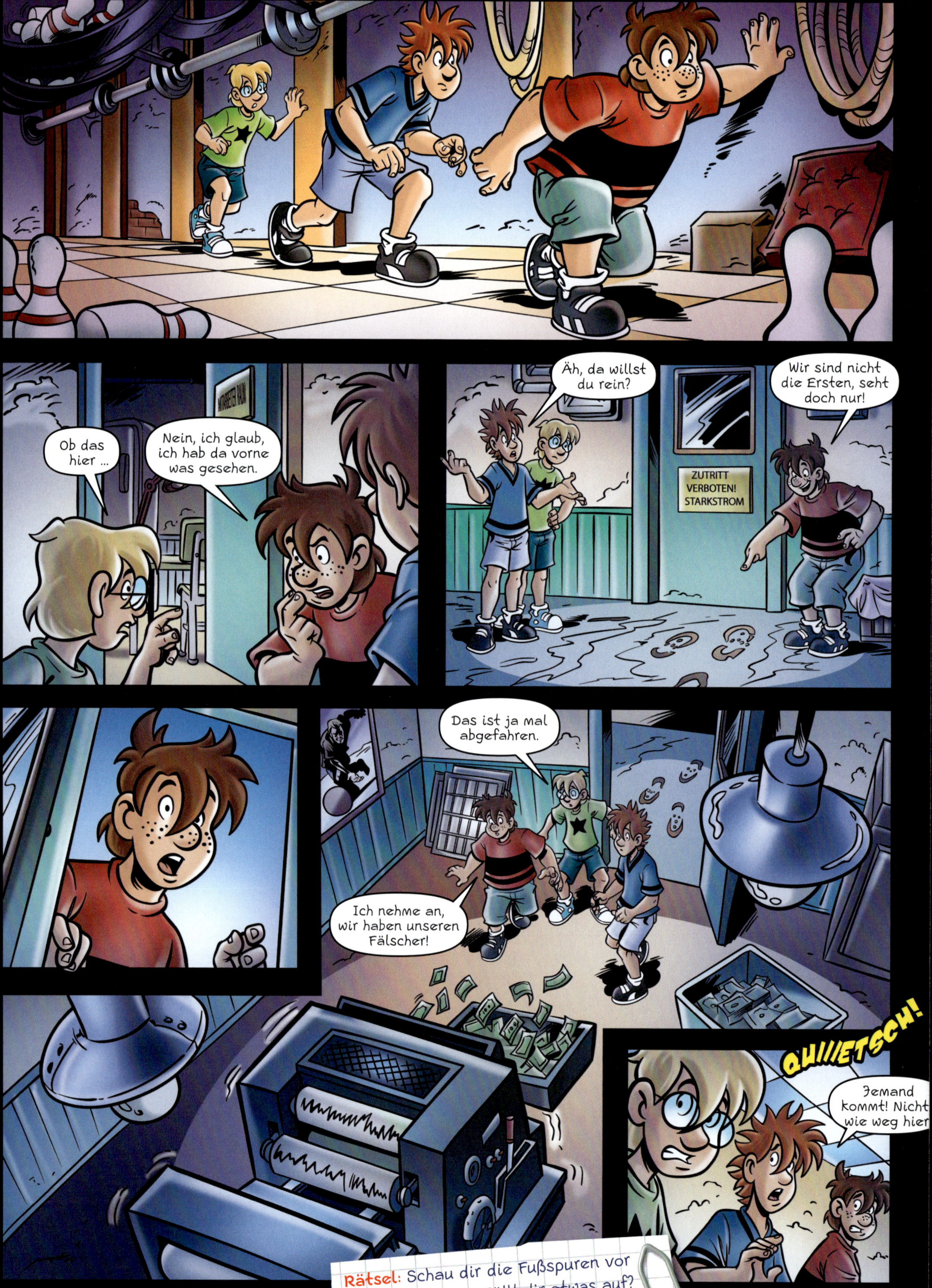

Rätsel: Schau dir die Fußspuren vor der Tür genau an. Fällt dir etwas auf?

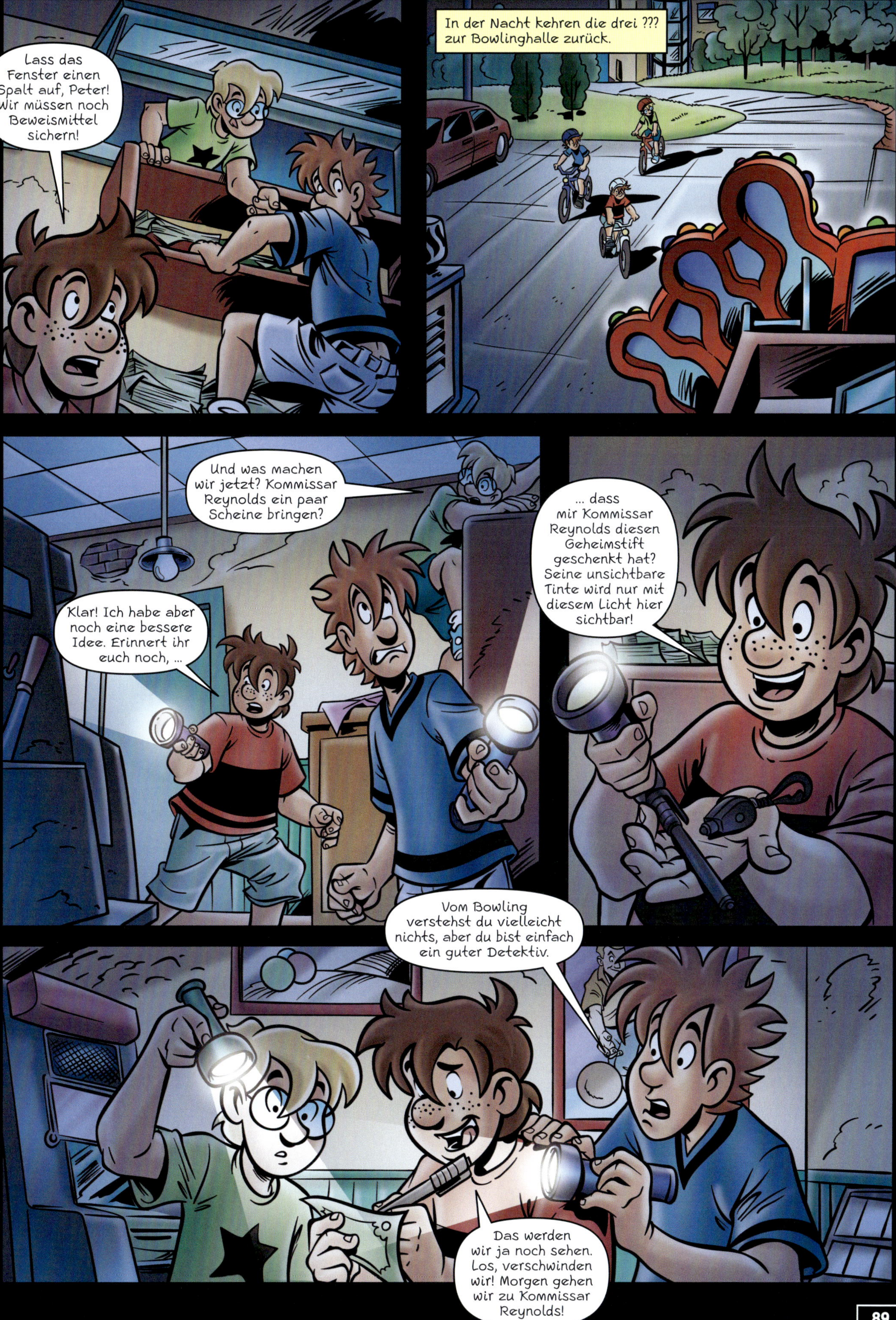

Lass das Fenster einen Spalt auf, Peter! Wir müssen noch Beweismittel sichern!
In der Nacht kehren die drei ??? zur Bowlinghalle zurück.
Und was machen wir jetzt? Kommissar Reynolds ein paar Scheine bringen?
Klar! Ich habe aber noch eine bessere Idee. Erinnert ihr euch noch, ...
... dass mir Kommissar Reynolds diesen Geheimstift geschenkt hat? Seine unsichtbare Tinte wird nur mit diesem Licht hier sichtbar!
Vom Bowling verstehst du vielleicht nichts, aber du bist einfach ein guter Detektiv.
Das werden wir ja noch sehen. Los, verschwinden wir! Morgen gehen wir zu Kommissar Reynolds!

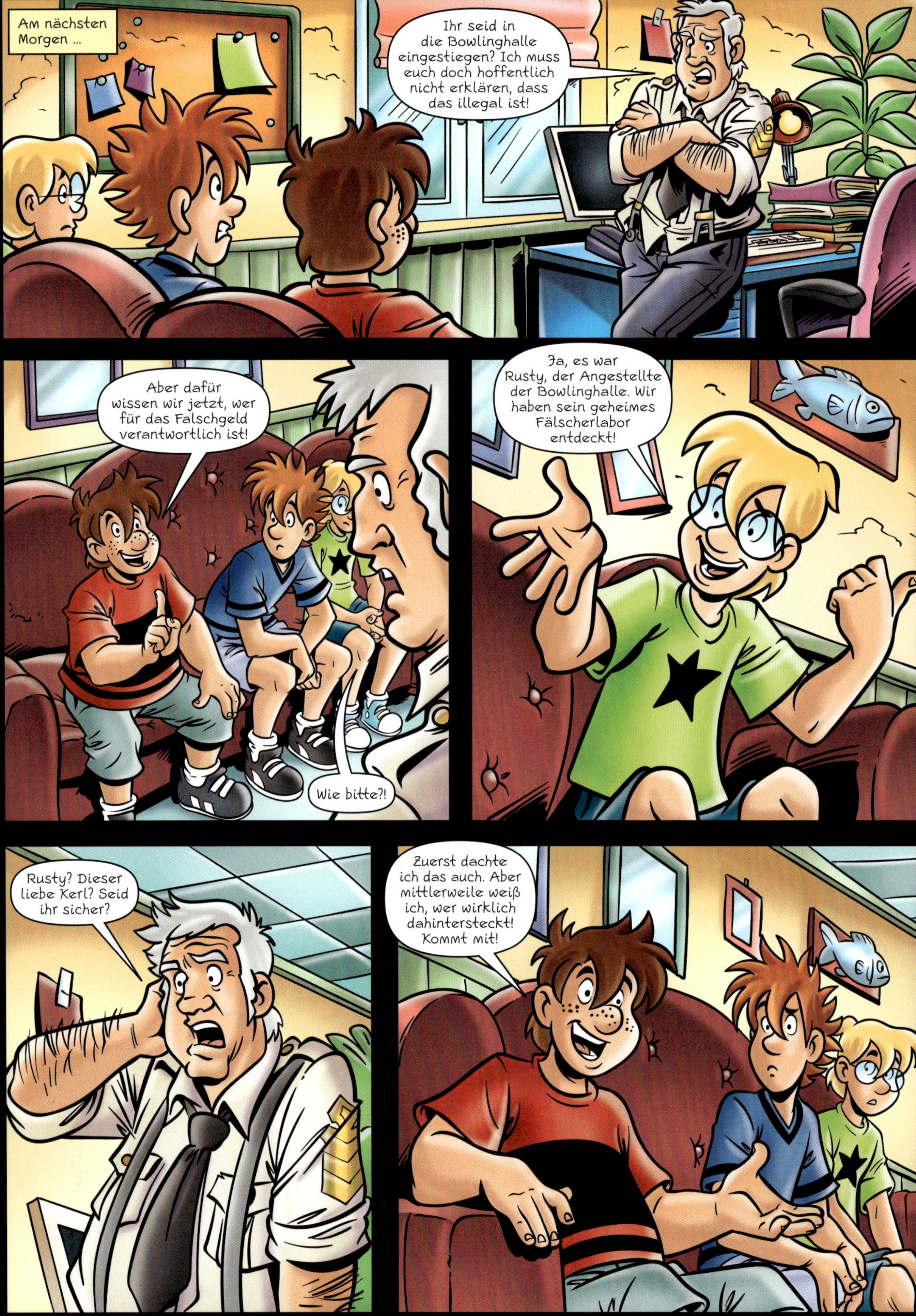
Am nächsten Morgen ...
Ihr seid in die Bowlinghalle eingestiegen? Ich muss euch doch hoffentlich nicht erklären, dass das illegal ist!
Aber dafür wissen wir jetzt, wer für das Falschgeld verantwortlich ist!
Wie bitte?!
Ja, es war Rusty, der Angestellte der Bowlinghalle. Wir haben sein geheimes Fälscherlabor entdeckt!
Rusty? Dieser liebe Kerl? Seid ihr sicher?
Zuerst dachte ich das auch. Aber mittlerweile weiß ich, wer wirklich dahintersteckt! Kommt mit!

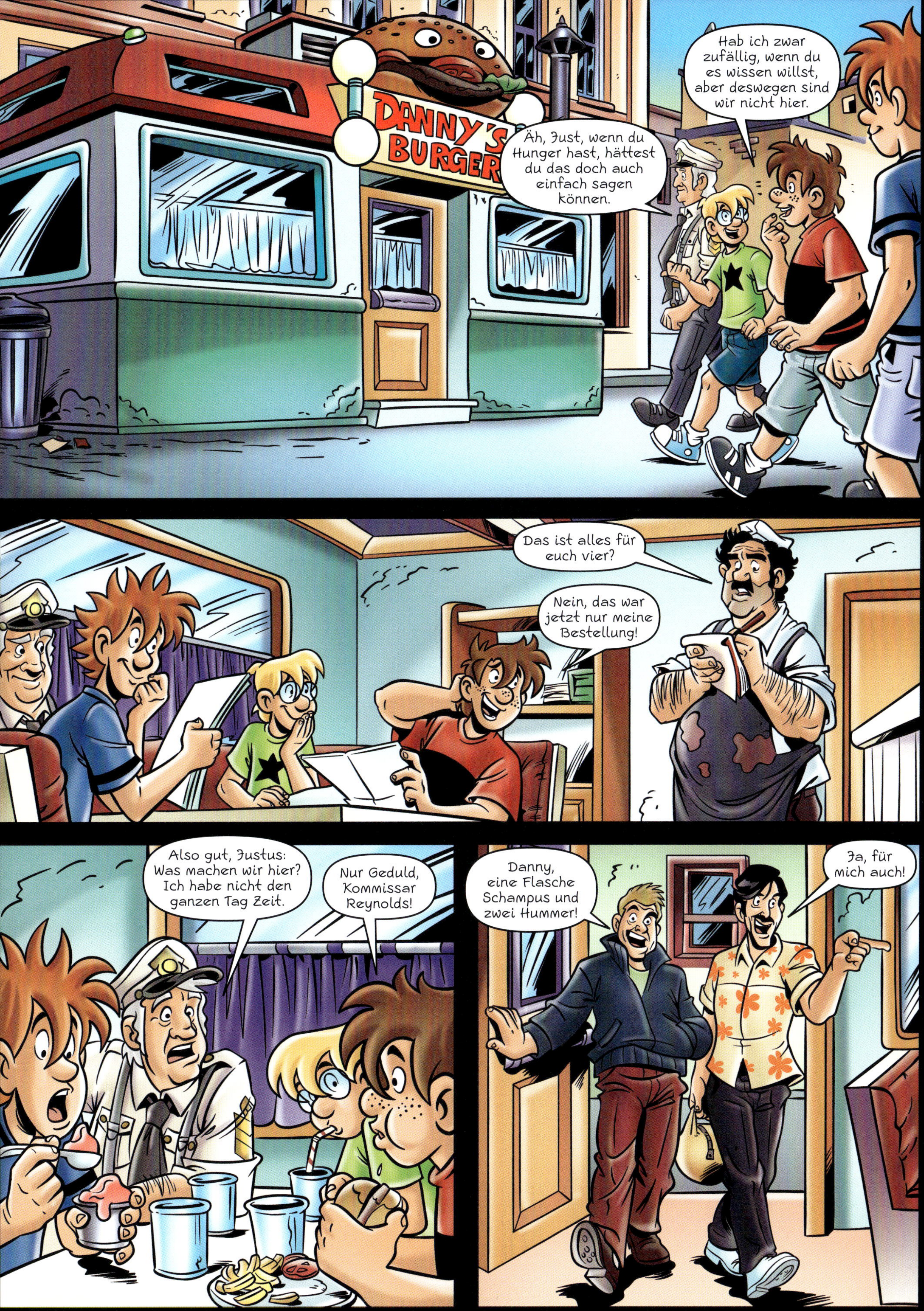
DANNY'S BURGER
Äh, Just, wenn du Hunger hast, hättest du das doch auch einfach sagen können.
Hab ich zwar zufällig, wenn du es wissen willst, aber deswegen sind wir nicht hier.
Das ist alles für euch vier?
Nein, das war jetzt nur meine Bestellung!
Also gut, Justus: Was machen wir hier? Ich habe nicht den ganzen Tag Zeit.
Nur Geduld, Kommissar Reynolds!
Danny, eine Flasche Schampus und zwei Hummer!
Ja, für mich auch!

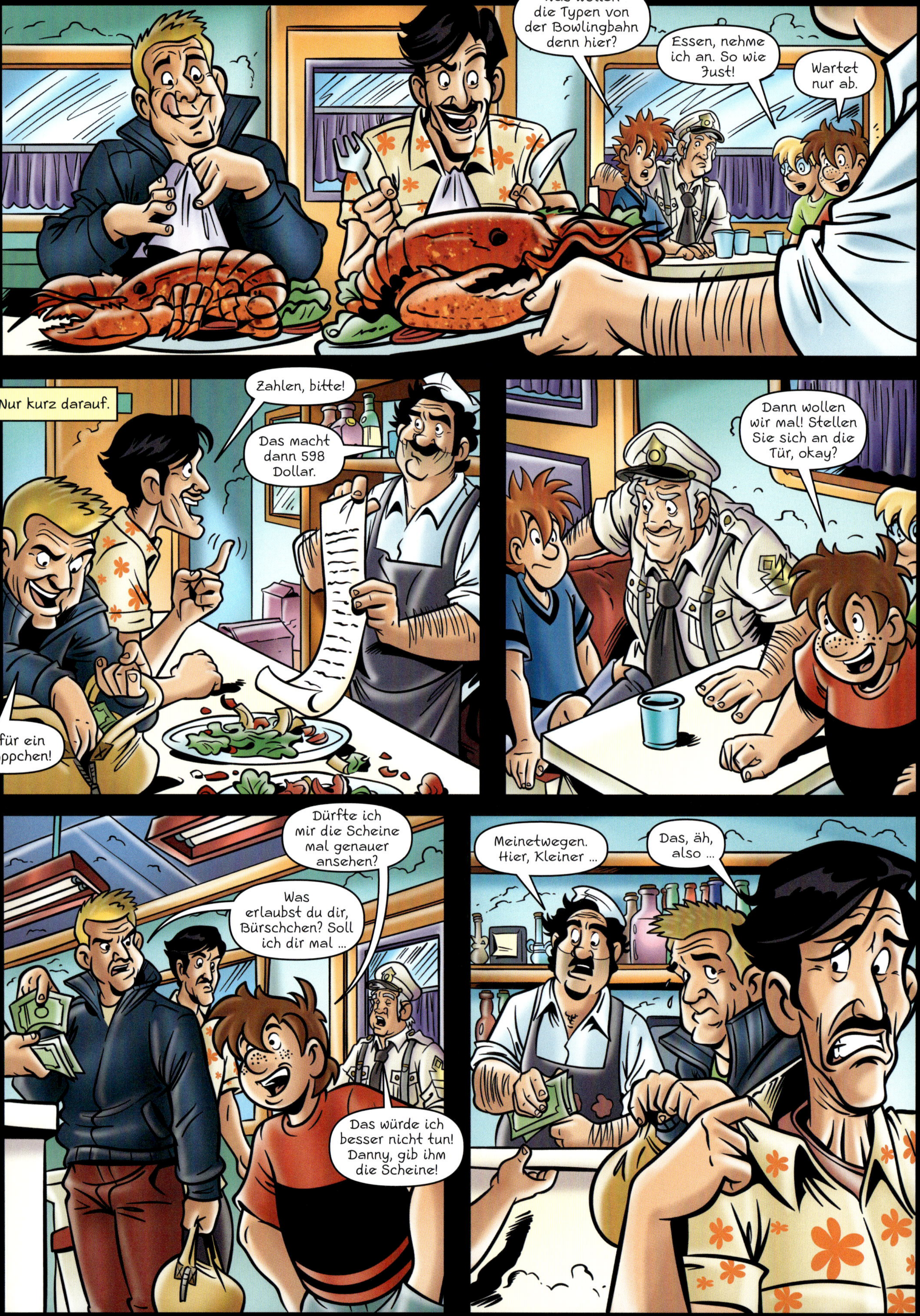

Was wollen die Typen von der Bowlingbahn denn hier?
Essen, nehme ich an. So wie Just!
Wartet nur ab.
Nur kurz darauf.
Zahlen, bitte!
Das macht dann 598 Dollar.
Was für ein Schnäppchen!
Dann wollen wir mal! Stellen Sie sich an die Tür, okay?
Dürfte ich mir die Scheine mal genauer ansehen?
Was erlaubst du dir, Bürschchen? Soll ich dir mal ...
Das würde ich besser nicht tun! Danny, gib ihm die Scheine!
Meinetwegen. Hier, Kleiner ...
Das, äh, also ...

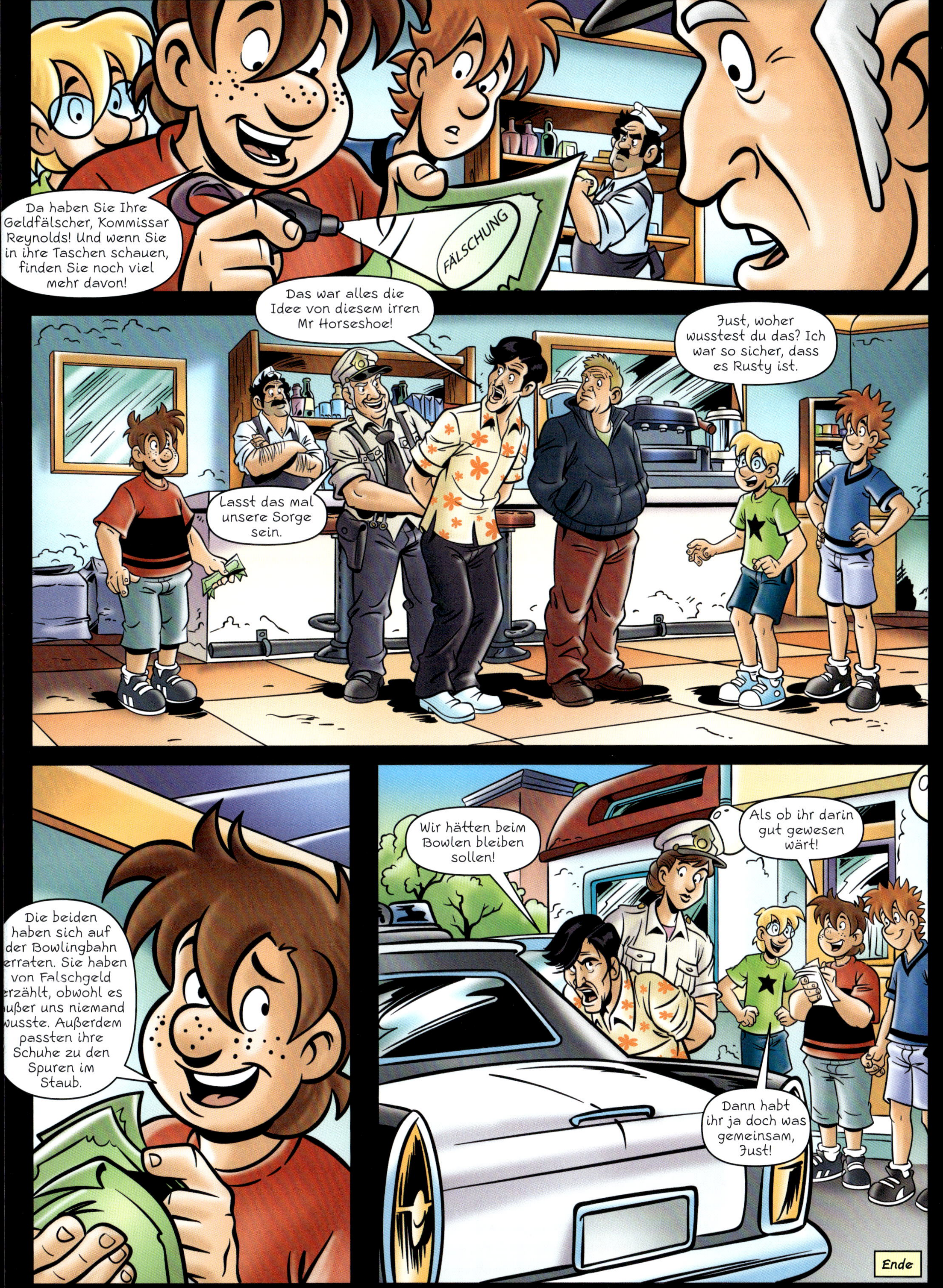
Da haben Sie Ihre Geldfälscher, Kommissar Reynolds! Und wenn Sie in ihre Taschen schauen, finden Sie noch viel mehr davon!
FÄLSCHUNG
Das war alles die Idee von diesem irren Mr Horseshoe!
Just, woher wusstest du das? Ich war so sicher, dass es Rusty ist.
Lasst das mal unsere Sorge sein.
Die beiden haben sich auf der Bowlingbahn erraten. Sie haben von Falschgeld erzählt, obwohl es ußer uns niemand wusste. Außerdem passten ihre Schuhe zu den Spuren im Staub.
Wir hätten beim Bowlen bleiben sollen!
Als ob ihr darin gut gewesen wärt!
Dann habt ihr ja doch was gemeinsam, Just!
Ende

AUFLÖSUNGEN

FALL 1

Seite 5: Peter, der bärtige Mann und die Frau mit dem Hut. Der bärtige Mann kommt dreimal vor.

Seite 7: Im zweiten Bild auf der Seite 7 sucht der bärtige Mann im Mülleimer herum.

Seite 8: Der bärtige Mann macht sich an einem der Spinde zu schaffen.

FALL 2

Seite 18: Der Lieferwagen hinten im letzten Bild sieht aus wie der von Bronson.

Seite 20: Auf Seite 19 im ersten Bild.

Seite 21: Sechs Filmausschnitte.

Seite 23: Im ersten Bild auf der rechten Seite hängt ein Bild vom Kinobetreiber Jenkins.

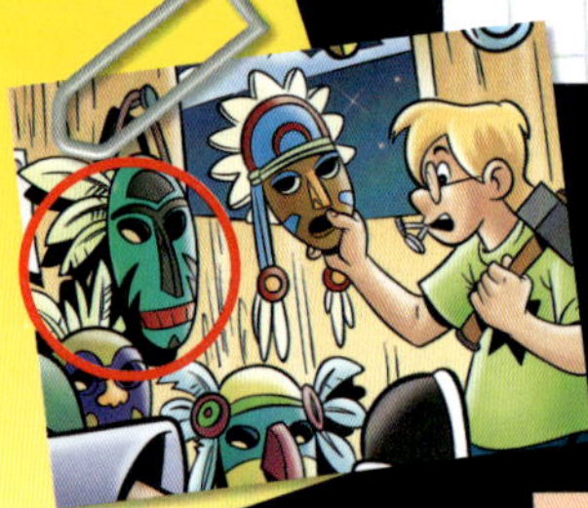

FALL 3

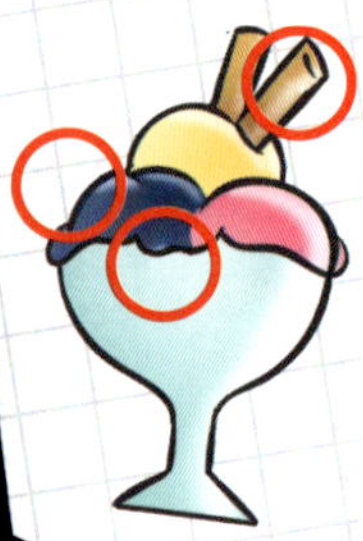

Seite 31: Drei Fehler.

Seite 33: Auf Seite 32 im vierten Bild fehlt der Stern auf Bobs T-Shirt.

Seite 34: Die Formulierung „Wenn dir deine Zukunft lieb ist“. Die hat Mr Baker auch schon benutzt.

Seite 35: Der Anführer verplappert sich und sagt fast „Kollege“.

FALL 4

Seite 44: 25 Sorten!

Seite 46: Er ist im ersten Bild des Falls auf Seite 42 im Hintergrund zu sehen.

Seite 47:

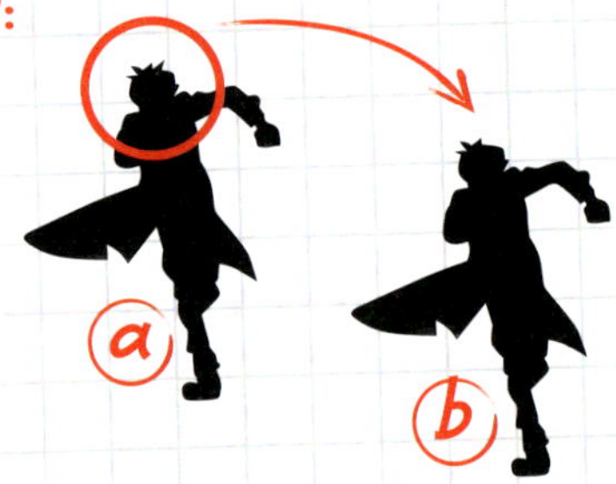

Seite 49: 14 lila Bonbons.

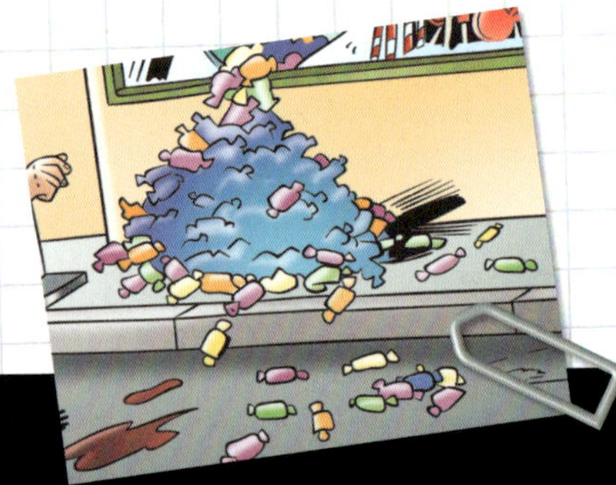

FALL 5

Seite 57:

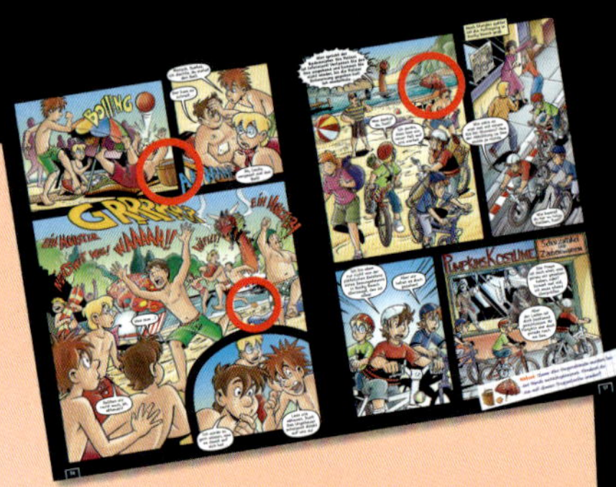

Seite 59: Er liegt auf Seite 55 im ersten Bild am Strand.

Seite 60: 5!

Seite 62: An ihnen sind ein paar Algen zu sehen, die auch am See zu sehen waren.

FALL 6

Seite 69: Mit vier Bällen!

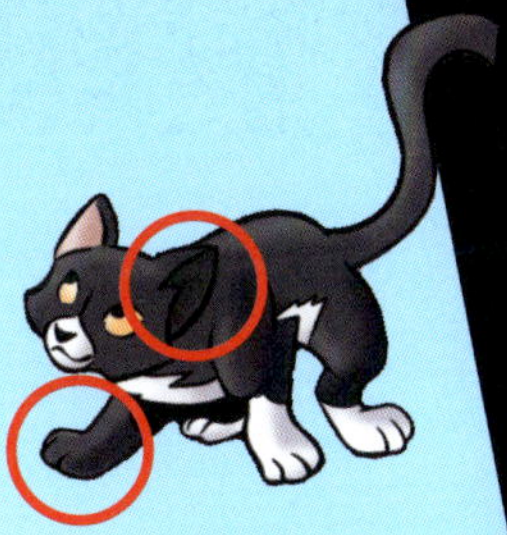

Seite 72: Zwei Unterschiede!

Seite 73: Er hat sich um eine Stelle als Zirkusdirektor beworben.

Seite 75: Die Schuhe der beiden Männer von der Polizeiwache sind die gleichen wie die der Clowns im zweiten Bild auf Seite 69.

FALL 7

Seite 83: Peter mit 64 Punkten.

Seite 85: 15!

Seite 86: Dieser Pin hat keine roten Streifen.

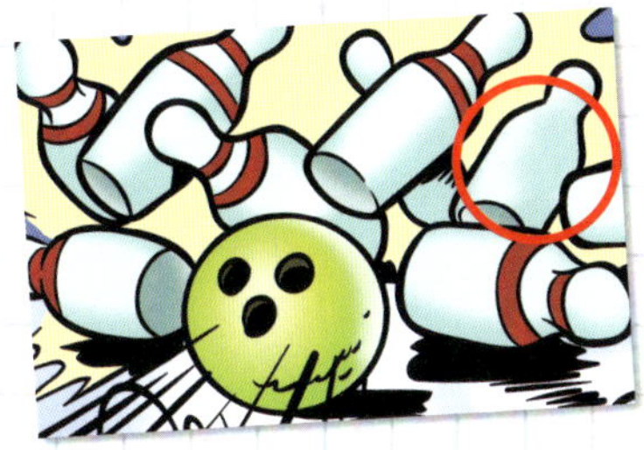

Seite 88: Sie passen zu den Schuhen des Bowlingspielers im fünften Bild auf Seite 86.

Umschlaggestaltung: Walter Typografie und Grafik GmbH, Würzburg
Umschlagillustration von Comicon, Barcelona

Autor: Christian Hector, Björn Springorum
Illustrationen: Comicon

Unser gesamtes lieferbares Programm und viele weitere Informationen zu unseren Büchern, Spielen, Experimentierkästen, Aktivitäten, Autorinnen und Autoren findest du unter kosmos.de

FSC MIX Papier | Fördert gute Waldnutzung FSC® C043106 www.fsc.org

Gedruckt auf chlorfrei gebleichtem Papier

ISBN 978-3-440-16790-8
Redaktion: Susanne Stegbauer
Satz: Doreen Brandt, Julia Fuchs
Produktion: Verena Schmynec
Druck und Bindung: Grafisches Centrum Cuno, Calbe
Printed in Germany / Imprimé en Allemagne

Comicspaß mit Justus, Peter und Bob!

ISBN 978-3-440-12633-2

Die drei ??? Kids finden eine geheimnisvolle Schatzkarte und das Abenteuer beginnt ...

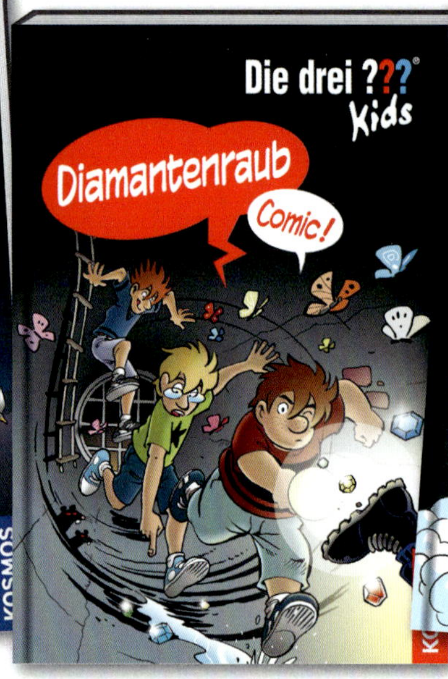

ISBN 978-3-440-15829-6

Wer bekommt die Diamanten? In einer wilden Verfolgungsjagd jagen die drei ??? Kids einen gefürchteten Verbrecher.

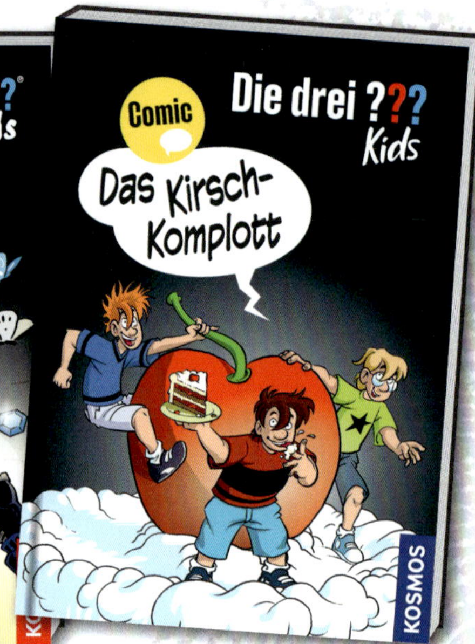

ISBN 978-3-440-17849-2

Die drei ??? Kids suchen nach Kirschen für Tante Mathildas köstlichen Kuchen!

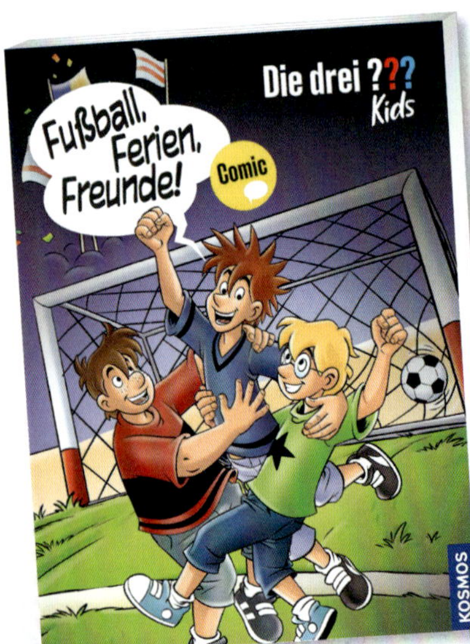

ISBN 978-3-440-17138-7

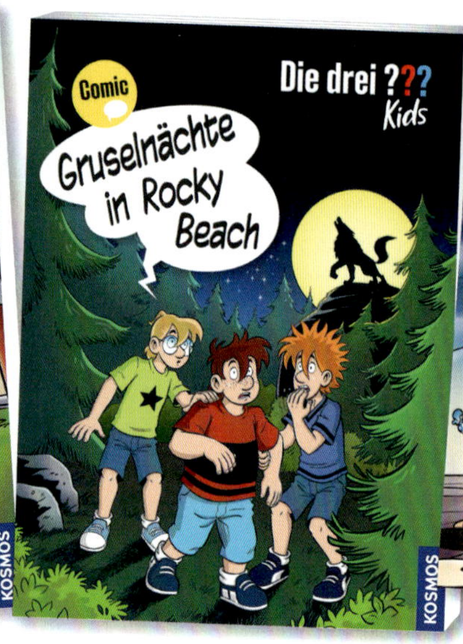

ISBN 978-3-440-17645-0

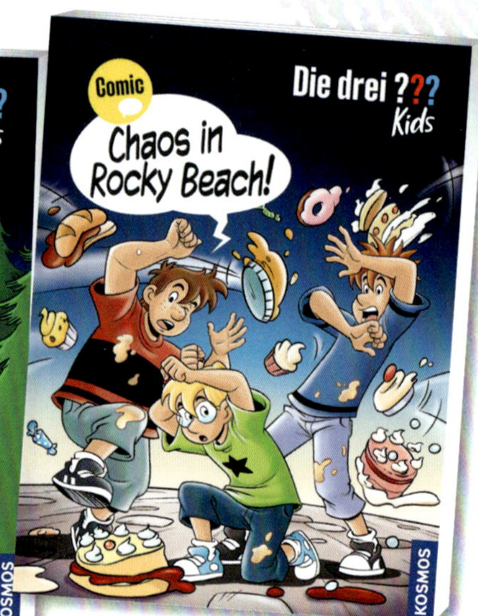

ISBN 978-3-440-16790-8

In spannenden Comics bist du hautnah dabei, wenn Justus, Peter und Bob den Verbrechern das Handwerk legen.